UN ANY AL PARADÍS

Andrés Iniesta

UN ANY AL PARADÍS

Edició de Sique Rodríguez i Dani Senabre

ara LLIBRES

Primera edició: setembre de 2009

© d'aquesta edició:
Ara Llibres SCCL
Corders, 22-28
08911 Badalona
Tel. 93 389 94 70
www.ara.cat

GrupCultura03

© Andrés Iniesta, 2009
De l'edició: Sique Rodríguez i Dani Senabre
Dels pròlegs: Albert Benaiges i David i José Muñoz (Estopa)

Traducció: Annabel Roca

Disseny de coberta i de l'àlbum de fotos: Natalia Margarit
Fotografia de coberta: Lluís Gené / AFP / Gettyimages
Fotografies de l'interior: Andrés Iniesta - Miguel Ruiz - Mundo Deportivo / Pep Morata

Preimpressió: Fotoletra, S.A.

ISBN: 978-84-92552-82-5
DIPÒSIT LEGAL: B-35.152-2009
Impressió: Liberdúplex

Tots els drets d'autor corresponents a Andrés Iniesta aniran destinats
a entitats i organitzacions benèfiques en les quals ell col·labora.

A la gent que sempre ha confiat en mi. A la meva família perquè sense ells no hauria aconseguit res, i a la meva nòvia per ser tan especial i per estar al meu costat. Gràcies.

ÍNDEX

PRÒLEGS 11
Albert Benaiges 13
Estopa 15

INTRODUCCIÓ 17

1. STAMFORD BRIDGE. EL MEU GOL MÉS IMPORTANT . . . 21
2. UN NOU PROJECTE. ARRIBA EL GUARDIOLA 33
3. LES LESIONS. EL MAJOR PATIMENT D'AQUEST ANY . . . 43
4. EL 2-6 DEL BERNABEU. LA DEMOSTRACIÓ QUE VAM SER ELS MILLORS 55
5. LA COPA DEL REI. EL PRIMER TÍTOL DE LA TEMPORADA 69
6. LA LLIGA. EL TÍTOL QUE MILLOR DEFINEIX UNA TEMPORADA 79
7. LA CHAMPIONS. EL SOMNI FET REALITAT 91
8. LA RUA PER BARCELONA. LA FESTA QUE UN TRIPLET ES MEREIXIA 105

EPÍLEG 115

AGRAÏMENTS DELS EDITORS 119

PRÒLEGS

Aquesta temporada ha estat per a l'Andrés com un conte de fades, un passeig per un camí de núvols difícil d'imaginar. Però el somni s'ha fet realitat i a les persones que el coneixem no ens ha estranyat en absolut, perquè sabem el motiu de l'èxit de l'Andrés.

L'Andrés té una família unida i rica en amor que li ha donat suport en tot moment, sacrificant-se molt i deixant que marxés lluny de casa per donar-li una millor oportunitat al Futbol Club Barcelona. A la família, les setmanes se li feien llargues esperant poder venir a Barcelona per estar al costat del seu fill, i encara més dura se'ls feia l'hora de tornar a Fuentealbilla, el diumenge a la tarda.

Lluny de la família, l'Andrés ha sabut treballar per poder arribar fins on és ara. Jugador sacrificat, disciplinat, senzill, educat i, sobretot, molt responsable. S'ha convertit en un mirall per a tots els jugadors del futbol base i també per a qualsevol jove esportista. Responsable amb ell mateix, amb la seva família, amb el seu entorn i, és clar, amb l'equip.

Com a professional, ha esperat pacientment fins que han cregut totalment en ell. Hi va haver alguns moments en els quals tots pensàvem que podia participar més, però ell acceptava la suplència amb professionalitat i amb companyonia, sense males cares, i amb declaracions sempre positives i de suport als entrenadors i companys.

Aquesta temporada ha estat indubtablement la millor de la història del Barcelona. La participació de l'Andrés ha estat fonamental, donant sempre oxigen de joc a l'equip. Però hi va haver un moment, al camp del Chelsea, cap al final de partit, amb una pilota a la frontal de l'àrea, en el qual va realitzar un xut mític. Allà va recollir l'aplaudiment unànime de tothom i fins i tot pot dir-se que es va convertir en doctor *honoris causa* del futbol. Aquell dia es van acabar els possibles dubtes sobre l'Andrés.

Campió d'Europa de seleccions estatals, campió d'Europa de clubs, campió de Lliga, camió de la Copa del Rei... Està entre els cinc millors jugadors del món, i el més important és que continua sent aquell Andrés educat i senzill que va arribar d'Albacete.

Andrés: continua igual i gràcies per ser com ets!

ALBERT BENAIGES
Entrenador de futbol base del Barça
i amic personal de l'Andrés

2009 Stamford Bridge. Semifinals de la Champions League. Minut 89. Chelsea 1 – Barça 0.

Li cau la pilota al Messi dins de l'àrea, veu com l'Andrés s'interna pel carril del vuit, el Messi connecta amb l'Andrés, l'Andrés xuta amb tota la seva ànima i... aturem-nos en aquell instant i intentem posar-nos al cap de l'Andrés Iniesta. Què va poder pensar? A què hauria renunciat en aquell moment perquè aquella pilota entrés? Com d'important ha de ser el futbol per arribar a xutar una pilota amb tot el teu cor? No ho sabrem mai. S'hauria de ser com a mínim Charles Xavier* per conèixer les respostes que només ell sap.

Però si coneixes una mica l'Andrés, t'adones que faci el que faci sempre dóna el millor d'ell mateix. La seva cultura és la de l'esforç i la superació. Les seves armes són la senzillesa i la humilitat. No té una careta per aparentar alguna cosa que no és. Això a l'Andrés no li interessa. Ell és únic.

*Famós telèpata fundador de la Patrulla X.

Potser sí que va pensar en com de dur havia estat el camí, en els seus inicis a l'Albacete, en el seu fitxatge pel Barça, quan encara era un nen, en com de difícil va ser convèncer cadascun dels entrenadors que havia tingut que, al cap i a la fi, era simplement el millor. I encara que sembli un tòpic, no tan sols és el millor dins del camp sinó que a fora és un ésser humà extraordinari amb qui sempre ve de gust parlar. Preocupat per la seva família —que és clau i que el manté amb els peus a terra— i pels seus amics, amb qui duu una vida d'allò més normal. I és que l'Andrés és un dels nostres.

Tothom, independentment de quin equip sigui, l'admira i el respecta. Un exemple per als nens i per a qualsevol. Per això, amb aquestes línies els germans Muñoz volem dir-te: Andrés, no et moris mai!

David i José Muñoz
Estopa

INTRODUCCIÓ

La temporada passada va ser com un somni. Abans de començar a desvelar-vos com vaig viure un any tan fantàstic, vull explicar per què vaig decidir escriure aquest diari. De fet, la idea no va ser meva. Me la van plantejar el Sique i el Dani uns quants dies després que acabés la temporada. Em va semblar una idea fantàstica perquè podia contribuir que l'afició tingués un record diferent d'un any inoblidable. Us ho mereixeu. He de dir que al principi no veia clar si això us podia interessar massa, a vosaltres. Em van convèncer que sí. Al cap i a la fi, començo a ser un jugador mediàtic ¿no? Al meu poble encara se'n riuen. Hahaha! En qualsevol cas, una temporada així mereixia un esforç.

Aquí teniu el meu diari del triplet. Hem escollit els vuit moments que hem considerat claus per explicar tota la temporada. Els bons i els dolents. Sou vuit perquè el vuit és el meu número.

Ha estat un any fantàstic per moltes coses. Mai no oblidaré el gol de Stamford Bridge o la vostra ovació el dia del Sevilla. Però tampoc oblidaré els mals moments per culpa de las lesions. Encara sort que vaig poder estar a Roma. De tot se n'apren.

Espero que gaudiu d'aquesta història. No té cap pretensió. Simplement es la visió d'un noi jove, com molts de vosaltres, que ha viscut una cosa gairebé inexplicable. Aquesta història és la visió de Andrés Iniesta. Simplement això.

Em considero una persona propera, sense secrets i natural. Així em veuen els de casa. I així espero que em recordeu tots. Vull passar a la història com un gran jugador de futbol, però, sobretot, com una bona persona. El futbol passa. Las persones perduran.

A. Iniesta

1. STAMFORD BRIDGE.
EL MEU GOL MÉS IMPORTANT

Us deveu preguntar per què no començo pel principi. Per definició, un diari hauria de respectar un cert ordre cronològic. Però cada vegada que tanco els ulls i intento resumir la temporada, veig Stamford Bridge. No puc evitar-ho. No dec ser l'únic, ja que em van dir que, en una enquesta realitzada al web del club al juny, els socis i seguidors del Barça, és a dir vosaltres, no van dubtar a l'hora d'elegir el moment més meravellós de la temporada. Més que València. Més que Roma. Més que fer sis gols al Bernabeu. Queda clar que hi havia on escollir, però l'argument que donava el mateix web i alguns periodistes en comentar la notícia era senzill: si tinguéssim un aparell per mesurar la intensitat de les nostres emocions, el punt més alt de l'any estaria situat en el minut 93 d'aquell partit. Si va ser així d'emocionant per a vosaltres, imagineu-vos el que vaig sentir jo!

Recordo que el primer que vaig pensar quan vaig saber que el rival seria el Chelsea va ser: «Una altra vegada?» No em malinterpreteu, a un jugador competitiu li agrada enfrontar-se sempre als millors equips, però és que els últims anys a aquest ens l'hem trobat fins i tot a la sopa. Quan l'entrenava José Mourinho el duel es va convertir en allò que els periodistes consideren un clàssic. Nosaltres no parlem gaire d'aquestes coses, però ho pensàvem. Així que quan es va fer el sorteig d'aquella part del quadre, primer ens vam centrar en el Bayern, és clar, però crec que encara que no ho diguéssim en veu alta, a tots ens encantava la idea de tornar a enfrontar-nos al Chelsea, encara que fos amb la tornada a Londres. Era un repte difícil, però d'aquells que motiven. A més em cridava l'atenció el que havia passat aquell any amb ells. No és que estigui enganxat a la premsa, però m'agrada estar més o menys connectat a les notícies del futbol i em va sorprendre que de pressa que van decidir canviar d'entrenador. De Scolari a Hiddink. De fet, ja m'havia quedat a quadres uns anys enrere quan un amic, aquest sí que enganxat als mitjans esportius, em va trucar per dir-me que Mourinho ho havia deixat d'un dia per l'altre enviant un missatge de mòbil als capitans. Recordo que vaig pensar que allò era difícil d'imaginar aquí.

En qualsevol cas, el primer que s'ha de deixar clar és que l'esclat d'adrenalina de Stamford Bridge no hauria estat possible sense tot el que vam patir en el partit d'anada. El tòpic que són 180 minuts aquí sí que es compleix a la perfecció. I ja que parlem de tòpics, el més cert de tots és que això del futbol és sempre un esforç col·lectiu, que quan l'equip ataca ataquem tots, i quan defensa defensem tots. Sempre ho he pensat i sempre ho pensaré. Però, tot i això, deixeu-me dir que al Camp Nou el que ens va salvar va ser el Víctor Valdés. Suposo que a aquestes altures ja sabeu que és un dels meus millors amics dins del vestidor, però més enllà d'això, va ser impressionant veure'l reaccionar a temps en totes les jugades. Diuen que un bon porter pot trastornar fins i tot el millor davanter del món. En aquella eliminatòria, el Víctor va tornar boig un dels millors. Didier Drogba, que tants problemes ens havia donat sempre, tornava a ser allà molestant, lluitant i tenint oportunitats. Però entre tots l'hi vam posar difícil. Des del plantejament de l'entrenador fins l'esforç de l'últim jugador. I sobretot el Víctor.

En acabar el partit, com sempre que juguem a casa, em vaig trobar amb els meus al pàrquing de l'estadi. Si juguem fora, el primer que faig és trucar al meu pare, la meva mare, la nòvia, a tots ells fins i tot des del vestidor, quan acaba de finalitzar el matx. Em tranquil·litza parlar-hi. Però en aquest cas em va tranquil·litzar més veure'ls. Tot i que a vegades estan més nerviosos que jo. Especialment el meu pare, que sempre es posa frenètic amb els partits importants. Mai són converses extenses, no m'agrada analitzar el partit fins que arribo a casa. Simplement volen saber si estic bé, si he rebut algun cop o si tinc alguna lesió. Gràcies a Déu aquell dia la resposta va ser que no, tot i que aquest any les lesions m'han fet més companyia de la que m'hauria agradat. Però no avancem esdeveniments. Anem a Stamford Bridge.

És cinc de maig. Aterrem a Londres, una vegada més. Estem nerviosos. El qui digui que no, menteix. No em refereixo a aquells nervis que et bloquegen i que et fan tremolar. No. Allò seria tenir por i nosaltres no n'hem tingut mai. Sempre creiem en les nostres possibilitats. Però no crec que cap dels meus companys pugui negar que teníem aquell pessigolleig que et recorre el cos i et fa estar intranquil, com un músic abans d'una gran actuació o com un actor de teatre abans de l'estrena. Quan ets a la gespa et passa, però les hores prèvies són força tenses. Crec que la gent em veu com una persona molt tranquil·la, però creieu-me, en una situació així, jugant-te arribar a una final de Champions, ningú està tranquil. L'escenari tampoc hi ajuda. Tota la gent que conec diu que Londres és una gran ciutat i no seré jo qui els dugui la contrària, però per a mi és massa gran, massa freda, massa grisa. Sort que al camp tot canvia.

Tothom parlava en les hores prèvies de les nostres baixes en defensa. El Rafa i el Puyi no podien jugar aquell partit. Són dos jugadors molt importants, ho reconec, però nosaltres confiàvem en la resta d'opcions. Qualsevol jugador de la plantilla està preparat per a un repte com aquest. El Pep no ens va dir a qui posaria fins poques hores abans. O com a mínim, jo no me'n vaig assabentar. Al final la parella de centrals van ser el Piqué i el Touré. Tothom es va quedar sorprès per la presència d'aquest últim, però els que entrenem amb ell sabem que pot jugar en diverses posicions. Aquell dia el vam provar com a central, però no us hauríeu d'estranyar si algun dia el veieu també d'interior, posició en la qual jugava a França abans de venir aquí. La seva alineació en defensa feia que el Seydou ocupés el centre del camp i jo acabava jugant a dalt amb el Leo i el Samuel. M'ho han preguntat mil vegades en roda de premsa i no canviaré de resposta ara: mentre jugui sóc feliç, de veritat que m'és igual fer-ho a dalt o al centre del camp, si bé és cert que on més còmode em sento és a prop de l'àrea. Recordo que amb el Rijkaard algun dia vaig acabar jugant gairebé de lateral. Evidentment, no és el que més m'agrada, però l'únic que vull és ser al camp per poder ajudar els meus companys a guanyar.

El partit contra el Chelsea no va poder començar pitjor. Abans d'arribar als deu minuts, Essien va fer un golàs en un xut d'aquells que et surten una vegada entre un milió. El públic es va posar a cridar com poques vegades he sentit en un camp de futbol, però crec que vam reaccionar bé. El normal hauria estat tornar-se boig i anar a atacar sense pensar, però vam mantenir la calma. Tot i això, va faltar molta profunditat. Teníem la pilota, sí, però no en fèiem res de perillós. Ben just disparàvem a porta. Em van dir després que el gol va arribar en el nostre únic xut entre els tres pals. No ho sabia, però tampoc em sorprèn. El Chelsea es va defensar molt bé. I el Víctor ens va tornar a salvar. Crec que se li donen bé els equips anglesos, contra l'Arsenal ja va fer un partidàs a París. Mai no entenc que se'l critiqui. Què més ha de fer?

A nivell tàctic, per a aquell partit el Pep ens havia insistit en el que havíem de fer per no patir davant de Drogba: bàsicament es tractava de no enganxar-se a ell quan estigués d'esquena. També ens va dir que repetíssim un parell de jugades pel mateix lloc per atreure l'atenció dels defenses del Chelsea i després a la següent apareguéssim per la banda contrària per sorprendre. Però el discurs que més recordo és el que ens va dir a la mitja part. Ens va dir que fóssim fidels a allò que havíem fet durant tot l'any, que no tinguéssim por i que creguéssim de tot cor que podíem fer un gol, perquè llavors segur que el faríem. Va repetir diverses vegades que era vital dur la pilota de pressa als extrems perquè ens deixaven sortir amb la bola controlada des de darrere i ni Anelka ni Malouda ens tancaven les línies de passada.

Tot i així, per molt que ens motivés el discurs del míster, els minuts passaven i la cosa no millorava. Al contrari, anava a pitjor. Sobretot quan l'àrbitre va decidir expulsar l'Abidal en una jugada que encara no acabo d'entendre avui. Estàvem cansats. No era un cansament físic, era una cosa gairebé mental o psicològica. El que realment ens esgotava era veure que teníem la pilota, que ho intentàvem, però que no hi havia manera de superar la seva última línia. Però el destí va voler que tinguéssim una última oportunitat. No fa falta que recordi la jugada, suposo que tots la teniu en ment. L'Alves puja la banda dreta, centra, li cau al Samu i a partir d'aquí arriba el moment més important de la meva vida. Vaig rebre la pilota del Messi. No la vaig xutar amb l'empenya ni amb la puntera ni amb l'interior del peu. La vaig xutar amb el cor. Amb tota la meva ànima. El destí va voler que la pilota anés just allà, on havia d'anar, amb un efecte de dins a fora que va fer que Petr Cech no la pogués aturar. Us ho juro. No sabia bé on era i no parava de veure gent embogida al meu voltant, saltant. Recordo el Bojan, el Leo, el Víctor..., tots em van saltar a sobre. Fins i tot els de la grada van saltar al camp. Fixeu-vos si vaig embogir que quan corria cap al córner fins i tot vaig arribar a treure'm la samarreta, cosa que no faig mai. No crec que hi hagi gaires fotos meves al camp sense samarreta. No acostumo a celebrar mai res així, però aquell dia em va sortir. Crec que l'àrbitre ho va veure i em va ensenyar la cartolina groga, però tampoc no em feu gaire cas. En aquell moment tot m'era igual. Era la millor nit de la meva carrera. El millor moment de la meva vida.

Però suposo que la meva manera de celebrar el gol no és cap secret per a vosaltres. Tots ho vàreu veure a la tele i segur que ho vàreu celebrar amb mi. El que no sabeu és com ho van celebrar els meus. Ja us he dit abans que el meu pare es posa molt nerviós en els partits importants. Molt més del que us pugueu imaginar. Tant és així que els deu primers minuts de partit no els va veure. Va sortir a prendre l'aire i a passejar, per evitar sobresalts. No és la primera vegada que ho fa, és la seva manera de desconnectar de tota la pressió. Però quan li van dir que havia marcat Essien, aleshores no ho va dubtar i va tornar a casa a posar-se davant de la tele. Aquesta és la seva filosofia, si l'equip guanya o empata es posa nerviós pensant que pot passar alguna cosa dolenta i no vol viure aquell moment. En canvi, si perdem, com que la cosa ja no pot anar pitjor, llavors sí que es posa a animar per a la remuntada. Per descomptat, va cridar tant amb el gol que crec que fins i tot va estar afònic uns dies després. Molt més sonora encara va ser la celebració de la meva àvia. Era a l'hospital, res greu, coses de l'edat. Amb ella, a l'habitació, es van reunir altres pacients per veure el partit. I us ho podeu imaginar. Quan va arribar el gol es va fer un escàndol tal que va haver d'anar-hi la infermera espantada a preguntar si tothom estava bé. La meva àvia no parava de cridar «és el meu nét, és el meu nét!»

Amb els meus oncles va passar una cosa semblant. Es reuneixen sempre en un bar i em van explicar que van començar a pujar a les taules i a llençar-ho tot de l'emoció. Hauria pagat per veure-ho. Això és el millor del gol i el millor de la meva feina. Que fa feliç molta gent. Evidentment, en el moment de marcar no en sóc conscient. Com us he dit abans, en aquell moment no sóc conscient ni de si porto samarreta o no, ni de si l'àrbitre m'ensenya una targeta o no. O sigui que no estic per pensar en la repercussió que pot tenir aquell moment en la vida dels altres. Però després, l'endemà, t'adones que aquell gol ha fet que milions de persones de tot arreu siguin felices, i això no es paga amb res. És del que més orgullós estic, que la meva feina serveixi per fer feliços els altres. També vull deixar clar que per molt que parli del meu gol, tant el que va passar a Stamford Bridge com el que va passar durant tot l'any va ser un mèrit col·lectiu. Ho he dit abans, sense les aturades del Valdés, les arribades de l'Alves o el patiment de tots en el partit del Camp Nou, això de Londres no hauria existit. No ho dic per quedar bé, ho dic perquè ho sento. Perquè és la veritat.

M'agradaria recordar més coses d'aquell dia però, com he explicat, des del minut 93 del partit tot està borrós. És com viure en un núvol. Encara avui tanco els ulls i veig aquell gol. No us diré que hi somio perquè crec que és l'any que menys he somiat en jugades dels nostres partits, deu ser senyal que les coses han anat bé. Sí que recordo tornar en autocar amb un altre dels meus millors companys de vestidor, el Sylvinho. Vam estar parlant una bona estona del que significava per a les nostres carreres viure un moment així. Una altra final de la Champions. Ell porta molts anys en el futbol i sap com costa. Nosaltres també però, afortunadament, hi estem ben acostumats. París i Roma en només tres anys de diferència no està gens malament. El Sylvio és una de les millors persones que conec. Sempre està de bon humor, però aquell dia, com tots, estava exultant.

El millor de Stamford Bridge no va ser Stamford Bridge. Va ser l'endemà. Dijous, set de maig. Et despertes i t'adones de la magnitud del que ha passat. Crec que mai havia rebut tants missatges al mòbil. Aprofito per disculpar-me a tots els qui no vaig contestar. Era impossible contestar-los tots.

El mateix passa amb les peticions de periodistes. Vaig atendre Barça TV i vaig estar també amb els amics de La Graderia, que feien un programa especial des de Lleida. Tot i que al Dani i al Sique els va costar convèncer-me. A ells no els puc negar res, sempre m'han donat suport, especialment en els moments difícils. Em van trucar per telèfon i recordo que tot el públic que estava veient el programa es va posar a aplaudir-me i a corejar el meu nom. Aquestes són les coses que compensen tots els esforços i els sacrificis que s'han de fer en un camp de futbol. El Dani em va dir que es posava dret per fer l'entrevista i que no es tornaria a asseure fins al final. Després vaig veure en un vídeo que van penjar a la seva pàgina web que efectivament ho va fer. A més tenien un grup de rock, Lexu's, que tocava en directe i van canviar les lletres per incloure-hi el meu nom. I a tot arreu era així. Veure's a un mateix a les portades de tots els diaris, i a sobre sense samarreta, és una sensació molt estranya. Si posava la tele, sortia el gol una i altra vegada. Em van dir que fins i tot en altres països van passar aquelles imatges pels mitjans. Mai oblidaré aquell gol. Moments com aquell són els que t'ensenyen que el destí vol que siguis on has de ser. A vegades em pregunto si fitxaré per un altre equip o si m'agradaria jugar a l'estranger. Moments com els d'aquella nit responen aquesta pregunta. On aniré? On podria ser més feliç? Va ser senzillament meravellós, indescriptible. Suposo que quan em retiri, i passin molts anys, tancaré els ulls i seguiré veient Stamford Bridge.

2. UN NOU PROJECTE. ARRIBA EL GUARDIOLA

Era a l'Eurocopa quan em vaig assabentar que el Guardiola seria el nou entrenador. Jo havia sentit rumors abans d'acabar la temporada amb el Barça, però no va ser fins a finals de maig o fins al juny que ho vaig saber segur. Molta gent es deu pensar que els jugadors ho sabem abans que la resta de gent i no sempre és veritat.

Recordo que volia centrar-me en els partits de la selecció però no podia evitar començar a imaginar-me la nova etapa amb el Barça. Òbviament, l'Eurocopa m'il·lusionava però, al mateix temps, començava a donar voltes sobre com seria el nou projecte. A Àustria tenia molta gent de la meva família amb qui podia parlar del tema. Afortunadament, el Luis Aragonés era conscient que una concentració de tants dies requeria moments de tranquil·litat amb els teus i ens anava donant estones lliures.

En una d'aquestes estones, recordo que vaig discutir amb un amic meu sobre el Guardiola. Hi havia molta gent que tenia dubtes, que no tenia clara la seva capacitat per gestionar un gran equip per la seva manca d'experiència, que preferien Mourinho o un altre. Aquest amic era una d'aquestes persones.

Em deia que si això o que si allò. Jo el vaig tranquil·litzar. De fet, no vaig arribar ni a discutir amb ell. Sé que molts penseu que és impossible que jo discuteixi amb algú. Us equivoqueu. Jo també puc enfadar-me. Aquell dia, per això, simplement vaig tranquil·litzar el meu amic. Jo sabia que tot aniria perfecte. Recordo que fins i tot vam fer broma i vam arribar a apostar alguna cosa. A dia d'avui tinc tot el que li demano a aquest amic, i em guardaré el seu nom per evitar que es posi vermell.

No sóc oportunista si dic que des del moment en què van nomenar el Guardiola nou entrenador del Barça vaig tenir una fe cega que l'any seria gloriós, o com a mínim, que estaríem lluitant per tot. De fet, aquesta va ser una de les primeres frases que recordo que ens va dir. El Guardiola ens perdonaria qualsevol error, però no ens perdonaria que no ens entreguéssim en cos i ànima al Barça.

Amb el Guardiola la meva mentalitat va canviar. El Rijkaard havia estat un gran entrenador, però dos anys sense títols s'havien fet molt llargs. Sincerament, l'any anterior havia estat el millor de la meva carrera, però no guanyar res va amagar aquesta sensació. Vaig acabar la temporada amb una certa frustració que, per sort, l'Eurocopa va ajudar a apaivagar. He de dir que l'Eurocopa em va aportar una gran confiança en mi mateix. Va ser la clau.

Per a mi era molt important que algú a qui havia tingut de referent fos el meu entrenador. Era una motivació increïble. Per a mi i per a molta gent.

El Guardiola sempre havia estat una persona en qui m'havia fixat. Quan era futbolista, m'agradava com vivia els partits des de dins del camp, com liderava l'equip. I sobretot, m'agradaven les seves maneres. Transmetia la sensació que era una persona molt respectuosa tant dins com fora del terreny de joc. Per a mi, això és molt important, perquè el respecte te'l guanyes amb el teu joc i amb els títols, però també amb la teva actitud. La veritat és que jo, ara, noto que em respecten i crec que, a més de pel meu joc, és perquè transmeto la sensació que mai em ric de ningú al camp. Per als futbolistes, això és més important del que us pugui semblar. I sí, en la intimitat sí que ric moltes vegades.

De seguida em vaig adonar que el Guardiola era molt diferent del Rijkaard. Els dos són entrenadors dialogants, però el Guardiola és més metòdic. Tampoc vull allargar-me massa en la comparació perquè, com diu el tòpic, cada mestre té el seu llibre. A més, amb el Rijkaard hem viscut moments molt bons i m'agradaria quedar-me amb això. És millor així.

A pesar d'això, sí que he de reconèixer, i no descobreixo res, que el Guardiola ha canviat moltes coses. I és dur quan ha de ser-ho. Però, al mateix temps, et fa sentir estimat. Per a mi, dos dels detalls més importants són: el trasllat a la Ciutat Esportiva i treure les concentracions. Treballar a la Ciutat Esportiva ens va donar molta tranquil·litat i ens va permetre tenir una millor convivència. A això hi va ajudar el fet que ens obliguessin a dinar junts després dels entrenaments. A més, així cuidem millor la dieta. Reconec que, al principi, em feia una mica de pal perquè no podia fer plans, però de seguida t'hi acostumes i t'adones que és en benefici propi. Amb les concentracions em va passar una cosa semblant. No estava acostumat a ser a casa fins poc abans del partit, i al principi se'm va fer molt estrany. Tenia la sensació que no em preparava bé. Em semblava que estava massa desconnectat. Fins i tot pensava que el destí em castigaria amb un mal partit per no dedicar el cent per cent del meu temps a la prèvia del partit. Però de seguida em vaig adonar que, amb aquesta nova norma, també hi sortiria guanyant. És molt important estar en tensió ja des de molt abans que comenci el partit, però pensar-hi massa et pot portar a un excés de tensió, i això es converteix en nervis. Jo sóc una persona que dóna mil voltes a tot abans dels partits, i he après a pensar, però de manera més fructífera. És a dir, he après a analitzar allò realment important. Ser a casa t'ajuda a estar més relaxat, i ho notes quan ja portes molts partits d'una temporada a l'esquena. Minimitzar les concentracions ens redueix el nivell d'estrès de tot l'any. No sóc una persona especialment maniàtica amb els partits. Sóc força normal en aquest sentit. Només necessito senyar-me tres vegades quan surto al camp i em toco la bota dreta i l'esquerra, en aquest ordre, quan comença el partit. És l'únic que necessito per sentir-me preparat.

Tornant al Guardiola, reconec que els inicis van ser durs. Veníem d'una molt bona pretemporada, s'havia generat un ambient excel·lent, havíem recuperat la il·lusió, però al primer partit de Lliga ens va caure el primer pal. La derrota a Sòria va ser justa. I després del partit, el Guardiola es va esforçar per posarnos al cap que haver perdut no havia de canviar res. Havíem fet coses malament, però havíem de tenir clar el camí. Aquell mateix dia, el míster (acostumo a dir així a tots els entrenadors) ens va dir una frase que ha repetit moltes vegades: «No ens hem de desviar de l'objectiu». I l'objectiu no eren els títols, sinó una determinada manera de jugar. Els títols n'eren la conseqüència més lògica. Mai no ens vam desviar de l'objectiu i aquesta va ser una de les claus de l'èxit. Les conseqüències lògiques no han estat malament, oi?

Com us deia, després del partit contra el Numància, el míster ens va corregir moltes coses. Va insistir en el fet que havíem fet malament el joc de posició, un concepte que els «no futbolers» deuen desconèixer però que és molt important, i es va esforçar per corregir-nos. El discurs del Guardiola sempre intenta ser constructiu. Mai no assenyala culpables, sinó que busca solucions. Més que entrenar, ensenya.

Sincerament, crec que la millora ja es va notar el dia del Racing. Aquell partit el vam empatar, però ja va ser una altra història. Les coses van ser diferents i la intranquil·litat va aparèixer més fora que dins del vestuari. Crec que si juguéssim deu partits iguals que el del Racing, en guanyaríem nou. Per desgràcia, el desè va ser aquell dia. Ens van empatar en una jugada estúpida i reconec que els futbolistes vam notar el «rum-rum» de la gent. No és veritat que quan estàs jugant no sents ni veus res. Ho sents i ho veus tot, o gairebé tot, encara que de vegades intentes aïllar-te. D'altres, com explicaré després, vols gaudir-ho al màxim.

No hi va haver cap esbroncada ni res de semblant després d'aquell primer empat al Camp Nou. Érem conscients que dos anys sense títols provoquen certes urgències, però sabíem que a la pretemporada havíem treballat durament i que els resultats no tardarien a arribar. A l'estiu havíem generat moltes expectatives, teníem plena confiança i a partir del tercer partit tot va començar a canviar.

Guardo un record molt bonic del matx amb l'Sporting a El Molinón. Sense voler semblar cregut, crec que vaig fer un molt bon partit. A més, vaig marcar! Aquell dia va significar l'envol. El dia de l'Sporting el guardo a la memòria en un lloc especial perquè ens va sortir un partit rodó. Vam fer un partit molt complet en un camp que estava molt bé. La veritat és que és d'agrair que equips modestos com l'Sporting tinguin un camp on es pugui jugar bé a futbol. No era un dia fàcil perquè sabíem que si haguéssim perdut se'ns haurien encès les alarmes. Érem conscients que la temporada no feia més que començar, però els jugadors tampoc som estúpids i sabem què passa al nostre voltant. L'estiu havia estat complicat, teníem un punt de sis de possibles i sabíem que la gent no suportaria veure a la classificació que el Barça estava en zona de descens encara que només fos al principi. Ja veieu com canvien les coses.

Com he explicat, el partit amb l'Sporting va marcar el tret de sortida. Recordo que el meu gol va ser especial perquè va ser el de la tranquil·litat. Vaig marcar l'1-4 al minut 60. Va ser una jugada molt bonica. Vaig rebre una passada preciosa del Leo i quan va sortir el porter només vaig haver de tocar-la a poc a poc. A la jugada posterior, li vaig tornar el favor al Messi perquè ell marqués el cinquè.

A partir d'aquell dia, tot va començar a sortir rodó.

3. LES LESIONS. EL MAJOR PATIMENT D'AQUEST ANY

No em resulta desagradable ni dolorós parlar de les lesions. N'he après, d'elles. Reconec que mereixen un capítol a part perquè van ser una part especialment important de la temporada. No m'agrada pensar que les coses passen per casualitat; per tant, no pensaré que em vaig lesionar tant, simplement, perquè sí. Sóc una persona poc amant de la improvisació. Sóc molt meticulós en la meva preparació física i en la meva vida professional. I ara he après a ser-ho més. Les lesions m'han ensenyat a conèixer-me millor, he après a escoltar els metges i conec més coses del meu cos. He madurat, en aquest sentit. És un aprenentatge normal, amb 25 anys. És llei de vida. O llei d'esportista. Quan arribes al nivell més alt, has de ser conscient que les lesions formaran part de la teva vida. És cert que com més et cuidis menys risc tindràs de lesionar-te. Però el risc sempre existeix. El futbol és un esport de contacte, i per desgràcia, cada cop més. Fixeu-vos que el dia que acabo millor un partit, l'acabo amb tres o quatre cops. Molts són d'aquells que la gent no veu. No pretenc queixar-me, perquè entenc que és una cosa que s'ha d'acceptar quan jugues en un equip com el Barça. Tampoc crec que els rivals vulguin pegar-te expressament. Confio en la bona fe de l'esportista. Si bé és cert que hi ha hagut partits que he acabat amb dolor fins i tot a les pestanyes. Que importants que són els fisios després dels partits! Aquells massatges que et fan tornar a sentir. La veritat és que és una imatge força quotidiana la de veure'm estirat a la llitera, observar els companys al meu costat i veure sempre algú preocupat perquè no et faci tant de mal això o allò. Després us explicaré l'anècdota de la meva bota perquè té la seva gràcia, però us avanço que, per exemple, al camp del Getafe em vaig haver de canviar el calçat perquè me'l van trencar d'una trepitjada.

En qualsevol cas, insisteixo, no em queixaré d'això. I, com és normal, quan has guanyat tot et fa menys mal. Fins i tot sembla que no notes res. Si has perdut, tot et fa més mal. Afortunadament, l'any del triplet hem perdut poques vegades. Per això les puntades van fer poc mal.

El meu problema més gran van ser els músculs. Els doctors em van dir que la fatiga muscular va ser la principal causa de les meves lesions. Vaig tenir una temporada molt carregada de competicions i ho vaig pagar. Per a un futbolista és important el descans. És quan el cos es torna a posar a lloc. Jugar seixanta partits no ajuda a descansar. No ho dic jo, ho diuen els metges, i els he de creure perquè són els qui en saben. Si fos per mi, jugaria cada dia. Disputar partits cada setmana és el que et dóna la vida. Crec que la gent no és conscient de com ho passa de malament un futbolista quan no pot jugar. Et sents inútil, i això fa mal. No conec ningú que estigui millor parat que jugant. Deu ser l'ego de l'esportista. Sempre intentar sentir-te útil. El millor. A pesar d'això, hi ha vegades que has d'adonar-te que el millor és frenar. Parar-te per després avançar més de pressa, com em van repetir algunes vegades.

No diré que la primera lesió l'esperava, perquè mai esperes una cosa així. Però, d'alguna manera, sí que la veig veure venir. Els preparadors físics havien tingut una cura especial amb els futbolistes que vam disputar l'Eurocopa. Ens havien alertat del fet que el novembre podia ser complicat. Per a mi va ser un novembre amarg. Em vaig trencar jugant contra el Basilea.

El problema de les lesions musculars és que, si no coneixes aquell dolor, moltes vegades no t'adones de com pot arribar a ser de greu. Per sort o per desgràcia, a partir d'ara sóc dels que ja saben reconèixer aquell dolor. És una punxada. Com si algú et travessés per un moment el múscul amb un punxó. L'acte reflex és parar perquè no pots continuar, però de seguida el dolor desapareix i creus que pots continuar. Llavors, una altra punxada i ja l'hem feta bona. El Guardiola ens va insistir molt, des del principi, que hem d'escoltar el nostre cos. Que hem de fer-li cas. Amb els anys, ho vas aprenent.

Aquell dia, contra el Basilea, em vaig trencar un múscul que gairebé no sabia que existia. Bé, realment sí que ho sabia, però en desconeixia per complet el nom. Em van dir que m'havia trencat un tal septe. «Quines coses més estranyes que tenim a les cames», vaig pensar. A dia d'avui crec que tothom sap que el septe és el múscul que utilitzem per xutar la pilota; per tant, és un múscul bàsic per a un futbolista. I en el meu cas, també, encara que molts m'hagueu criticat perquè remato poc a porteria. A poc a poc vaig millorant, no?

Bromes a part, els metges de seguida em van dir que aquestes lesions s'havien de curar bé. S'han de cuidar, perquè els experts xifren l'índex de recaigudes en un 30 per cent. I a això m'he dedicat aquest estiu. A que es curi bé la meva lesió, perquè el múscul que em vaig trencar a final de temporada era el mateix que m'havia lesionat al novembre. Aquell que va estar a punt d'espatllar-me la final de Roma. Si és que amb el nom que té, no pots esperar-ne res de bo.

El que deia, la primera vegada que me'l vaig trencar va ser al novembre. Estàvem en un gran moment de joc i resultats, s'apropaven els partits contra els equips grans de la Lliga i em vaig endur el primer pal de la temporada.

No poder jugar contra el Madrid sempre fastigueja, perquè els jugadors sabem que són partits especials. Aquell partit em va tocar veure'l des de la grada amb alguns companys.

Vaig intentar ser constructiu. Em vaig posar al cap que tornaria millor després de la lesió. Tornaria descansat i en forma per encarar la recta final de la temporada. Recordo que els metges em van dir, fins i tot, que la lesió em podia anar bé per arribar millor al tram final. Portava molts partits a l'esquena i parar, dins de ser dolent, podia ser positiu.

No m'allargaré en el procés de recuperació perquè són coses molt tècniques, però sí que us recordaré un episodi curiós. Va ser quan l'Emili Ricart ens va fer anar a córrer a la muntanya. Dic *ens* perquè hi vam anar l'Abidal, el Milito i jo. Els tres lesionats de l'equip. La intenció era dur-nos a un lloc apartat per desestressar-nos i treballar a l'aire lliure, que és on millor s'entrena. Vam agafar el cotxe des del Camp Nou, i per descomptat va conduir l'Emili. Ens va dur a la carretera de les Aigües, una zona de muntanya dins de Barcelona. I allà ens vam posar a córrer. Evidentment, la gent ens va reconèixer i gairebé vam formar una rua de corredors. Tots ens volien acompanyar. Semblava el Tour de França, però sense bicicletes. Quin aldarull es va formar! La veritat és que va ser molt divertit. M'alegro que hi hagi tanta gent que sigui amant de la bona vida. No sabia que la carretera de les Aigües fos tan famosa.

No vaig tornar a jugar fins a l'any nou. Em vaig passar les vacances de Nadal recuperant-me. D'aquells dies, recordo amb especial afecte el dia de Cap d'Any. No vaig fer res especial. Simplement estar amb la meva família. Amb la meva gent.

Totes aquestes persones són la gent del meu entorn. Amb elles és amb qui vull acabar i començar l'any. No demano més. La tranquil·litat d'estar amb els meus és dels moments que més m'omplen en la vida. No ho dic per quedar bé, ho sento així. Potser després us explicaré el fart de plorar que em vaig fer quan, de nen, vaig haver de separar-me dels meus pares per venir a somiar de ser futbolista del Barça. No parava. Però bé, això després. Bé, potser us ho ha explicat l'Albert en un dels pròlegs.

Al gener vaig poder tornar a jugar. Després de dos mesos de recuperació, el moment de tornar a saltar al terreny de joc és com si fos un debut. Tenia ganes de fer-ho tot. Vols menjar-te el món. I efectivament, vaig tornar molt bé. L'equip no havia notat la meva baixa, els rivals ens començaven a tenir molt respecte i no afluixàvem.

Al febrer em vaig tornar a lesionar. No va ser tan greu com la primera vegada. Va ser en un entrenament. No vaig arribar a trencar-me, però vaig patir una elongació del múscul semitendinós de la cuixa esquerra. Una estrebada a la cama, perquè m'entengueu. Vaig estar quinze dies de baixa. Aquesta vegada no ho vaig passar tan malament, tot i que no negaré que la meva preocupació per haver-me lesionat muscularment les dues cames creixia. Mai no havia tingut problemes i l'únic que pensava era que els músculs no m'espatllessin el final de temporada.

Vaig tenir un altre ensurt al març. Una altra lesió a la cama dreta. Aquesta vegada, un trencament a la inserció tendinosa de l'abductor de la cuixa. Un altre trencament muscular a la cama, vaja. Quinze dies més de baixa.

Però la lesió que va trencar tots els meus esquemes, que va estar a punt de frustrar un dels meus somnis, va ser la que vaig patir el dia del Vila-real. Recordo perfectament que era un deu de maig. Ens hi jugàvem la Lliga. Tot estava preparat perquè cantéssim l'*alirón* davant del nostre públic. El partit se'ns havia posat de cara, però en cinc minuts el panorama va canviar. Va ser un exemple de com n'és de prima la línia que separa l'èxit del fracàs en aquest esport. Primer Llorente ens va empatar i va posposar el campionat. Va ser frustrant perquè l'estadi ja havia començat a cantar el «campions» i hi havia gent a Canaletes, però era un cop fàcil d'encaixar perquè, al vestidor, érem conscients que guanyar la Lliga només era qüestió de temps. El que va ser realment dolorós d'aquell dia és que em vaig trencar, una altra vegada, el maleït recte anterior. En el moment de la jugada em vaig adonar que m'havia fet mal de veritat. De seguida vaig saber que seria alguna cosa més greu que una simple contractura. Em va caure el món a sobre. Ja em va costar aguantar el tipus quan vaig abandonar el camp. Agraeixo el suport de tothom perquè vaig notar, més que mai, la calor de la gent. La vostra i la dels meus companys. Era l'última jugada del partit. Va ser una pilota que vaig intentar picar i, suposo que per l'estrès i per tot el que comporta el final de temporada, em va passar això. Almenys dins del que cap no va ser tan greu. Però teníem la final de la Copa al cap de tres dies i la de Roma al cap de dues setmanes. No m'ho podia creure. En el primer moment, em va caure el món a sobre. No m'ho podia creure, la veritat. Al vestidor vaig començar a plorar. Plorava de ràbia. Ho vaig passar molt malament. Tots els companys em donaven ànims. Ningú va parlar del fet que no s'havia pogut guanyar la Lliga. L'equip em va transmetre que el que era realment preocupant era la meva lesió. La lesió d'un dels seus. Fins i tot crec que el Guardiola va dir alguna cosa així a la roda de premsa. Hi insisteixo, agraeixo molt el suport perquè t'ajuda a tirar endavant. Les hores posteriors al partit només esperava que arribés el dia següent perquè la lesió fos el més petita possible. I a sobre, l'endemà era el meu aniversari. L'onze de maig feia 25 anys. Vaig pensar que el millor regal que Déu em podia fer era que la lesió fos el menys greu possible. I em va demostrar que existeix. Jo ja sabia que no podia ser tan injust de privar-me de jugar la final de la Champions amb la qual havia somiat molt de temps. Tenia l'esperança i així va ser. No hi arribaria en les millors condicions del món, però hi arribaria.

Recordo que quan encara era al vestidor vaig trucar a la meva família, a qui sempre truco després dels partits, per explicar-los que m'havia fet mal. Aquell dia no vaig esperar ni a veure la meva gent al pàrquing. Es van ensorrar. No els vaig veure la cara, però em temo que alguna llàgrima sí que la van vessar. Unes llàgrimes amb el mateix significat que les que m'havien caigut a mi. Va ser un moment molt difícil perquè en pocs dies ens ho jugàvem tot i no hi havia temps. D'entrada, ja em vaig perdre la final de Copa. La meva família de seguida em va intentar animar, i suposo que aquella nit van resar més que mai perquè no fos greu i pogués jugar la final de Roma.

Sobre com em vaig recuperar per ser a la final i sobre el dolor que vaig sentir durant el partit, us en parlaré després. Ho faré en un capítol sobre Roma perquè els dies previs crec que van ser un exemple de sacrifici per poder arribar a l'objectiu. Imagineu-vos la pel·lícula de Rocky. Aquell era jo. Però sense gorra de llana i sense fer cops de puny a trossos de carn.

Afortunadament, després de l'esforç i a pesar del risc que vaig córrer, vaig poder complir un dels meus somnis.

Sincerament, espero que hagi cobert la quota de les lesions, que hagi estat provocat per tot l'anterior i que no torni a passar, perquè ha estat el pitjor que m'ha pogut passar. Es passa, realment, malament. Però quan caus, t'has d'aixecar i tornar millor. Això és el que he intentat cada vegada que m'he lesionat i ho continuaré fent si em torna a passar. Hi insisteixo, em conec millor i toco fusta perquè no torni a passar. Sóc una persona molt tossuda. M'agrada fer les coses bé i això és el que intento sempre. L'any passat vaig aprendre molt en aquest aspecte.

Afortunadament ho vaig aprendre sense perdre'm gaires partits importants. No oblido que no vaig poder jugar contra el Madrid al Camp Nou o la final de Copa, però almenys vaig ser a Roma. Tenia clar que aquell partit no me'l perdria. Des del primer moment li vaig dir al doctor que, fos el que fos, seria en aquella final. Amb el meu pare vaig ser més contundent: «Jugaré encara que tingui un forat a la cama». L'hi vaig dir així de clar. I vaig complir.

4. EL 2-6 DEL BERNABEU. LA DEMOSTRACIÓ QUE VAM SER ELS MILLORS

Us puc relatar el que se sent en jugar contra el Manchester en una final de Champions, o les emocions que produeix visitar Stamford Bridge en una semifinal europea, però no té massa sentit que us expliqui què sent un jugador les hores prèvies a un Barça-Madrid. Per què? Doncs perquè és el mateix que sentiu vosaltres. Ni més ni menys. Tothom sap què significa aquest partit. Tothom sap què està en joc. Tothom sap que és el màxim. No seré jo qui ho descobreixi. Un duel com aquest paralitza el país encara que la Lliga estigui decidida, encara que hi hagi quinze punts o més de distància entre l'un i l'altre, com alguna vegada, poques, ha succeït. Però és que aquest no era el cas. El Madrid era a quatre punts de nosaltres, duia una ratxa impecable i es podia posar a un a falta de quatre jornades. En altres paraules, la Lliga es decidia al Bernabeu.

S'han dit moltes coses sobre aquell partit, però una cosa que no s'ha comentat suficientment és la calor insuportable que feia a Madrid aquella tarda de dissabte. Feia xafogor a tota la ciutat, però es va fer especialment dur en arribar a l'estadi. No sóc dels que fan massa cas d'aquest tipus de coses. He jugat amb pluja, amb boira, amb fred i mai m'ha importat, però recordo comentar amb algun company al vestidor que allò no era normal. Eren les vuit del vespre i feia un sol que semblava que fossin les dotze del migdia. Pel que fa a la temperatura, no distava gaire d'algun partit de reemborsada dels que disputem a l'agost. Evidentment, per competitivitat, estava al pol oposat. Ells estaven molt motivats i el seu entrenador, Juande Ramos, s'havia passat la setmana avisant que tenia un pla «antibarça». A més, nosaltres no podíem comptar amb el Rafa Márquez per lesió i havíem de visitar Stamford Bridge tres dies després, cosa que va despertar tot tipus d'especulacions. Molta gent es preguntava si el míster es reservaria jugadors per Londres, però durant tota la setmana ho va tenir molt clar: aquell partit valia una Lliga i no estàvem per reservar res. Jugarien els millors. Vam sortir al camp el Víctor, l'Abidal, el Dani, el Piqué, el Puyi, el Xavi, el Touré, el Samu, l'Henry, el Messi i jo. En aquell moment no ho sabíem, però aquella alineació quedaria registrada en els llibres d'història de la Lliga espanyola.

Per la posició en la qual jugo, m'agrada tenir el partit al cap. Una vegada vaig llegir que el lamentablement desaparegut Drazen Petrovic, per a molts el millor jugador de la història del bàsquet europeu, sabia en tot moment quants punts, rebots i assistències duien no només ell, sinó els seus companys i fins i tot els seus rivals. Ho explicava el seu excompany Vlado Divac en una entrevista. Allò em va cridar l'atenció perquè, sense arribar a aquests extrems, jo intento ser una mica així. Tot això ho dic perquè encara avui tinc gairebé totes les jugades d'aquell partit gravades a la ment i les podria recitar de memòria. Recordo que el Leo i jo vam fer el servei inicial i que, a diferència del que molta gent diu, els primers minuts van ser nostres. Pel gol del Madrid, la gent sembla que recorda que ells van començar dominant, però és que només començar el partit, al cap de vint segons aproximadament, el Xavi va tenir un xut clar i, una mica més tard, el Samuel un altre. Tampoc oblido que en els primers minuts Lass Diarra em va fer un parell de faltes força dures, sobretot una que l'àrbitre no va veure. No és que em fixi gaire en els àrbitres, però crec que Undiano Mallenco és un dels millors de la Lliga. A pesar d'això, aquella tarda sembla que me la tenia votada perquè, a part d'algunes faltes, no va xiular un penal molt clar que em va fer Lass (sí, una altra vegada ell) a la segona part. Mai no em queixo, però és que va ser claríssim, encara que evidentment amb el partit que ens va sortir ni em passa pel cap lamentar-me per una cosa així.

A pesar de la bona arrencada inicial que vam tenir, és cert que el Madrid ens va sorprendre en el primer gol. A més, a mi em va agafar a la corona de l'àrea, o sigui que vaig veure el remat d'Higuaín des d'una posició privilegiada. És veritat, va ser un error nostre, va rematar completament sol i això no es pot permetre en un partit així, però tal com vam demostrar al cap de quatre minuts, no ens vam posar gens nerviosos. Ho dic perquè sé que alguns seguidors ja ho veien tot negre. Nosaltres, amb tot el respecte al Reial Madrid, teníem clar que una Lliga per la qual havíem lluitat tant al llarg de sis mesos no se'ns escaparia allà, en aquell instant, en aquell camp. En aquell moment el primer que vaig pensar va ser que el meu pare veuria gairebé tot el partit, perquè al minut tretze ja podria tornar a casa i seure al sofà. I no tardaria gaire a tornar-se'n a aixecar. Ja us he explicat que només mira els partits quan perdem perquè sap que la cosa no pot anar pitjor. Quan guanyem, no aguanta pels nervis. Gairebé a la jugada després del gol d'Higuaín va empatar un dels jugadors per qui més m'he alegrat aquest any. Sempre he estat fan del Thierry Henry. Quan ell era a l'Arsenal l'havia sentit parlar molt bé de mi i recordo que vaig comentar amb algun periodista que m'agradaria jugar amb ell algun dia. Tots sabem que el seu primer any va ser difícil, tot i que segurament els que ho viviu des de fora no us podeu fer una idea pel que va haver de passar. I sempre va ser humil, treballant al màxim. No cal que posi noms, però conec moltes estrelles de la seva categoria o inferiors que no han treballat en tota la vida tant com ell ho ha fet en dos anys aquí. Per això, veure'l fer dos gols al Bernabeu i especialment el més important, el de l'empat, em va fer molt feliç. I no devia ser l'únic, perquè vam anar tots com bojos a abraçar-lo. I quan dic tots vull dir tots. Set o vuit jugadors formant una abraçada gegant al seu voltant. El Víctor, per raons òbvies, es va quedar a la porteria. De la resta, només l'Eric i el Samu no van sortir a la foto, perquè els va enganxar a l'altra banda. Crec que al Thierry li va bé marcar gols importants al Bernabeu, perquè ja ho havia fet amb l'Arsenal a la Champions anys abans. La seva jugada per l'esquerra va ser genial, però la passada que li va donar el Leo no va estar gens malament, tampoc. Sempre tenint en compte que el Madrid és un equip al qual mai s'ha de donar per mort, no tinc cap problema a reconèixer que, a partir d'aquell gol de l'Henry, el camí va fer baixada.

El meu àlbum de fotos del triplet

1 La meva germana amb la meva cunyada i el meu cunyat en les hores prèvies a la final de la Champions. Se'ls veu confiats de la victòria.

2 El Jordi, l'Olga i el Carlitos abans de Roma.

3 La família de la meva nòvia, als quals agraeixo que m'hagin acollit com un dels seus des del primer dia.

4 Una alineació històrica: els campions d'Europa.

5 Així van veure la final els meus.

6 Que bonic l'Olímpic de Roma amb aquests colors!

7 Amb Messi aixecant la més gran.

1

2

3

4

5

6

7

1

2

3

4

5

6

1 Fent la passada del gol d'Eto'o amb la cama lesionada.

2 Al vestidor, amb la copa de la Champions.

3 Amb la meva nòvia, celebrant la Champions.

4 Així us veia des de l'autocar descapotable de la rua.

5 Amb l'Emili Ricart, quantes hores junts! Només li ha faltat venir de vacances amb mi.

6 Un dels moments més emocionants va ser quan l'autocar va passar per la plaça de Catalunya.

1

2

3

4

5

1 Saludant una afició excel·lent, a qui agraeixo que em faci sentir tan estimat.

2 Quin trofeu més bonic!

3 Amb Puyol al vestuari mostrant la primera copa del triplet.

4 Amb el doctor Ricard Pruna en una de les meves lesions.

5 A la celebració de la Lliga i la Copa no us vaig mentir. Us vaig dir que tornaríem amb la Champions.

1

1 Els meus companys em van mantejar per celebrar el triplet, i això que estava lesionat!

2 Us agrada la meva disfressa? La vaig dissenyar per a l'ocasió.

3 És difícil descriure la felicitat que vam sentir. Una imatge val més que mil paraules.

2

3

1

2

3

4

1 “Va per vosaltres!”

2 Amb un dels meus millors amics, el Víctor.
Va ser una peça clau en la consecució del triplet.

3 Un altre dels meus grans amics, l’Eto’o.
La seva actuació també va ser determinant.

4 Els quatre capitans.

1

2

3

4

1 Amb el meu representant i amic, el Ramon Sostres.

2 Els meus tiets i la meva cosina petita.

3 El dia que vaig presentar la meva pàgina web, www.andresiniesta.es, amb el meu amic Joel.

4 Sense ells no ho hauria aconseguit. Gràcies pel vostre suport!

5 Posant, orgullós, amb els tres trofeus.

6 La culminació d'un somni.

5

6

1

2

1 Aquests sí que són grans... músics i amics. Sembla que estiguem cantant *Tu calorro*.

2 Amb els meus tiets i el meu cosí a la seu de la penya.

3 La meva família i els meus amics m'acompanyen arreu on vaig.

4 Amb la meva família i els meus amics celebrant una temporada històrica.

3

4

1

2

3

4

1 Les meves àvies.

2 Amb el meu avi, a la penya.

3 Amb els meus tiets i el meu cosí en un sopar.

4 Amb els meus altres tiets, a la penya.

Més encara quan tres minuts després vam tenir una falta que era com un córner avançat a la banda esquerra del nostre atac. El Xavi estava disposat a tirar-la i jo era a prop de la seva posició, uns metres més a la seva dreta, per si no ho veia clar i necessitava buscar suport, o per si la perdíem i s'havia de fer la transició defensiva. Fins aquí, tot normal. Però just en aquell moment vaig veure una cosa que no havia vist abans. I, com us he dit, memoritzo força bé tots els gestos que es produeixen en un partit. Però el Xavi em va sorprendre. Vaig veure que feia uns senyals estranys amb la mà al Puyol. Els repetia insistentment, com un possés. Al cap d'un segon, va parar. Va girar el cap, va semblar que havia vist alguna cosa que el va fer decidir-se definitivament i va tornar a la càrrega, una altra vegada amb aquells signes estranys. El següent que vaig veure va ser el Puyi sortint del camp per després tornar a entrar i agafar desprevinguda la defensa blanca. Un a dos. Jugada assajada. Els futbolistes del Madrid es van quedar al·lucinats. El més sorprenent és que la majoria de nosaltres també. Després vam saber que el Xavi, el Puyi i el Piqué havien assajat aquella jugada sols i que l'havien dut en secret fins aquell dia. Veient el resultat, per mi poden continuar tenint tots els secrets que vulguin. En una tarda normal, es podria pensar que allà s'havia acabat el partit. Però aquella no era una tarda normal.

Abans del descans va arribar el tercer, del Messi. El nostre públic va embogir. A la mitja part el Guardiola ens va dir que no ens deixéssim endur ni pel resultat ni pel fet que teníem un partit importantíssim al cap de tres dies. Al cap i a la fi, el Madrid havia aconseguit concretar remuntades molt més increïbles les setmanes anteriors. I quan van fer el segon, potser a molta gent li va semblar que ho podien repetir. Nosaltres no ho permetríem. El quart va ser un golàs de l'Henry. El cinquè va ser possiblement el més bonic de tots: pel tomb que fa el Xavi sobre si mateix i per l'engany que fa el Leo just abans de rematar. Com he dit abans, en les hores prèvies s'havia dit que ells tenien un pla «antibarça» i sobretot un pla «antimessi», però no comptaven que al final el Leo jugaria de davanter centre i el Samu a la banda, o sigui que Heinze, teòricament l'encarregat de posar en marxa el suposat pla, es quedava sempre amb l'Eto'o. I Cannavaro amb el Messi, una cosa que sospito que no havien entrenat. Es pot arribar a pensar que un equip que guanya dos a quatre no dóna importància al cinquè, però per a nosaltres va ser especial. Allà va ser quan vam començar a prendre consciència que aquell partit podia ser històric. I el sorprenent remat del Piqué ho va acabar de confirmar. Ja era oficial: aquell clàssic no l'oblidaríem mai. En el cas concret del Gerard, valia la pena el gol pel partidàs que va marcar en defensa. Va aparèixer en cada jugada, anticipant-se al rival, traient la pilota amb classe i fins i tot fent alguna filigrana o altra, com una ruleta a la primera part. Jo vaig gaudir com un animal. És cert que em va faltar el gol, però crec que vaig participar en tot moment i que vaig fer jugar els meus companys. La veritat és que no cal marcar per jugar bé i per gaudir d'un partidàs del teu equip. I vaig tenir algunes ocasions bones, com una paret amb el Leo a l'àrea petita a la primera part o un xut ajustat a la primera jugada després del descans, a part del penal que em van fer a la mitja hora de la segona. Però per molt que m'agradi memoritzar les accions d'un partit, un no es queda amb aquelles jugades, es queda amb els detalls, els somriures, l'alegria dels companys. Un d'aquests detalls va arribar al minut 80 del partit. El Pep va fer un doble canvi, posant el Bojan i el Sergio per treure'ns al Touré i a mi. El Dani i el Puyi van venir a abraçar-me. Quan em dirigia a la banqueta vaig sentir l'ovació del Bernabeu. No eren els nostres, era el seu públic. I sincerament, no crec que aquell aplaudiment fos ni per mi ni pel Touré ni pels que entraven. Era un reconeixement simbòlic al futbol que havíem fet tots i cadascun de nosaltres aquella nit. Una cosa així no es viu cada dia. El Bernabeu ovacionant el màxim rival. A vegades s'exagera tot això del *señorío blanco*, però s'ha de reconèixer que, com a mínim el públic que va al camp, sempre té aquell bon gust pel futbol, com quan ens van aplaudir el 0-3 d'anys enrere. Però és que aquí van encaixar el doble de gols. Estaven aplaudint un equip que n'havia fet sis al club dels seus amors. I no un equip qualsevol, sinó el que més odien. És una d'aquelles imatges que et queden gravades.

Ens havia sortit un partit perfecte. Molt complet. La defensa va ser un mur, en atac vam resoldre de forma letal i crec que la clau va ser la nostra superioritat en el centre del camp, que ens va donar l'opció de crear tantes ocasions de gol. Des del principi tots teníem molt clar, des de l'entrenador fins a l'últim jugador, que allò ho havíem de jugar a vida o mort. Com una final. Res d'anar a empatar. I ens va sortir bé. No. Perdó. Bé és poc. Ens va sortir millor del que mai no hauríem pogut somiar.

Us podeu imaginar la bogeria al vestidor. Mai no volem donar res per guanyat perquè és la filosofia que ens inculca el míster i perquè encara quedaven quatre jornades de Lliga. A més, hi havia Londres a l'horitzó. Però com ell mateix va dir en roda de premsa, va ser el dia més feliç de tots els que havíem viscut fins aleshores. Sis gols al Bernabeu. S'havia de celebrar. Ens vam abraçar més vegades que en tots els partits anteriors junts. Semblàvem Teletubbies. Ens vam fer fotos al vestidor per immortalitzar el moment més gran de la història dels partits Barça-Madrid. El més boig, com sempre, va ser el Piqué. No parava de saltar i cridar. Sempre és dels que més amenitza la festa, imagineu-vos si a sobre ha fet el sisè gol del seu equip al camp del màxim rival. Estava insuportable. En el bon sentit, és clar. És genial tenir algú així al costat en aquests moments d'alegria. Tot i que potser les hostesses de l'avió de tornada a Barcelona no pensen el mateix. A aquestes altures, els bons aficionats ja deveu saber que és un dels seus rituals favorits: passar l'mp3 per la megafonia de l'avió i posar a tota pastilla *bakalao*, màquina, *ska*, *dance* o qualsevol música estrident que se li acudeixi.

Aquella nit, com sempre, el primer que vaig fer després del partit va ser parlar amb els meus pares, el José Antonio i la Mari, amb la meva germana Maribel i, és clar, amb la meva nòvia, l'Anna. Us podeu imaginar la seva alegria. Crec que és el primer dia que em truquen ja directament celebrant i cridant. Es van oblidar fins i tot de preguntar-me si estava bé o si tenia alguna lesió, que és el primer que diuen sempre. No paraven de repetir que aquella cinta l'havien de guardar en un calaix a part, que aquell partit no es podia tractar com qualsevol altre. Sempre em graven els partits, no tan sols per la il·lusió que els fa tenir-los, sinó perquè saben que m'agrada veure'ls després per fixar-me en algunes jugades i aprendre d'alguns errors. A vegades penso que realment a qui haurien de gravar és a ells mateixos: m'hauria encantat poder-los veure per un foradet mentre anàvem fent els sis gols del Bernabeu. Vaig atendre els companys d'El Larguero i em vaig ficar dins l'avió (o hauria de dir dins la central de so del DJ Piqué?). Per si teníem algun dubte que aquella nit era històrica, el vam perdre en aterrar a Barcelona. És el més semblant a guanyar un títol, sense guanyar-lo. M'atreviria a dir que aquella nit fins i tot era superior a un trofeu. La rebuda del públic va ser igual que la que té un equip que arriba de disputar una final i duu la copa sota el braç. Aquell dia no hi va haver trofeu, però eren sis gols els que portàvem de la capital. No crec que per cap altre partit de Lliga que no suposi la consecució matemàtica d'un títol tinguem l'oportunitat de viure una cosa així a l'aeroport. De fet, fins i tot guanyant la Lliga tinc dubtes sobre si l'alegria de la gent seria tan gran com la d'aquell dia. Vaig arribar a casa, vaig estar amb els meus, vaig contestar alguns missatges, vaig menjar alguna cosa ràpida i vaig veure el partit repetit. Aquesta és una de les meves manies. Sempre miro els partits quan arribo a casa. Si pot ser, la mateixa nit. Em fixo, especialment, en les meves jugades. D'aquesta manera, veig què he fet bé i què he fet malament. Aquella nit, tot em semblava fantàstic. La veritat és que vaig mirar les repeticions sense gaire sentit crític. Valia la pena, no? No vaig poder dormir gaire. Quasi gens. Potser dues o tres hores. No parava de pensar com n'era de gran allò. Em venien imatges del partit a la ment. El gol de l'Henry, els senyals del Xavi abans de llançar la falta, l'alegria del Piqué, l'ovació... Era com tornar a jugar el partit. Tot tornava una altra vegada. I no us enganyaré, també vaig pensar molt en el Chelsea i en com podia afectar-nos tot allò de cara a la Champions. Si m'haguessin explicat en aquell moment com acabaria la cosa, no m'hauria preocupat tant.

Abans d'acabar aquest capítol, aclariré per última vegada allò que jo era madridista. Sé que alguna vegada s'ha comentat que jo de petit era del Madrid. Creieu-me, sóc el culé més gran que hi ha. Penseu que porto més temps al Barça que a casa meva. Us explicaré l'anècdota. De fet, ja vaig fer-ho un dia al programa de l'Andreu Buenafuente. Jo era del Barça, però la majoria dels meus amics i de la meva família eren del Madrid. Això sí, el meu primer equip era l'Albacete. I el problema va arribar un dia que el Barça va fer set gols a l'Albacete. Al meu Albacete. Era l'any 91. Devia tenir set anyets. Em vaig enfadar molt amb el Barça. Això i la pressió d'alguns amics i familiars van fer que comencés a dir que jo era del Madrid. Va ser per la ràbia que em va fer que el Barça marqués set gols al meu pobre Albacete. Ja se sap que de nen es cometen molts errors i jo vaig cometre aquell. Ara bé, no tingueu dubtes. Porto el Barça al cor des de fa molt de temps. Ja he oblidat aquells set gols.

I nits com la del Bernabeu només serveixen per confirmar que l'hi duré sempre. Aquell partit no se m'esborrarà del cap. En altres ocasions m'han preguntat pel triplet i per si és irrepetible. Sempre dic que no, perquè sóc optimista i perquè crec, de veritat, que el podem tornar a aconseguir. Aquest any hi ha nous reptes i no veig cap motiu pel qual no puguem tornar a aconseguir-los tots. Ara bé, això del Bernabeu és una altra història. He de ser sincer. Els títols es poden tornar a guanyar. Les copes es poden tornar a aixecar. Però sis gols al Bernabeu no crec que els tornem a fer mai. Podré explicar als meus néts que vaig viure el millor clàssic de la història del futbol. I això ja no ens ho pren ningú. Ni a mi, ni a vosaltres.

5. LA COPA DEL REI. EL PRIMER TÍTOL DE LA TEMPORADA

Ja us he explicat que no jugar la final de la Copa del Rei va ser el primer gran pal de la temporada. M'havia lesionat tres dies abans i els metges no em van deixar viatjar a València. Jo volia fer-ho. Gairebé tota la meva família tenia entrades per veure el partit a Mestalla, però em van dir que havia de fer el màxim repòs possible, almenys la primera setmana. Era imprescindible per arribar tan bé com fos possible a Roma. Per això em vaig quedar a casa. L'aspecte positiu, si és que hi era, és que no hauria d'agafar cap avió. Això és el que menys m'agrada de la meva professió. Odio agafar avions. Els meus pares fan broma dient que el problema és que sóc un noi assenyat i m'agrada tocar de peus a terra. I als avions, precisament, el terra no el toques. Com us dic, em vaig quedar a casa a seguir la final de la Copa per ordre dels metges. Era allà, la nit del tretze de maig, mossegant-me les ungles com un nen. Com he dit, gran part de la meva família tenia entrades per València i van viatjar per veure el partit encara que jo no jugués. Ja veieu que poc que els importo.

Jo em vaig quedar a casa amb la meva nòvia, la meva mare i un amic, el Joel, que és qui s'encarrega de la meva pàgina web. Tots quatre vam veure el partit a la tele. No m'agrada gaire l'aldarull, i menys quan hi ha coses importants. M'estimo més estar envoltat només dels meus. Ells són els que m'ajuden a no perdre de vista la realitat. Per a un futbolista, és molt important tenir clar quin és el seu entorn i què és el que més li convé. Si no, és molt fàcil perdre's. La veritat és que he d'agrair a tota la meva gent el suport i els consells que sempre m'han donat. Aquest any, les coses han anat bé i n'he volgut gaudir al màxim amb ells. I no oblido que quan alguna cosa ha anat malament, la meva gent sempre ha estat allà per animar-me i fer-me veure que, de vegades, les coses són diferents. I és que sóc una persona que viu i sent molt el que fa, i per això les coses m'afecten.

El que deia, la final de Copa es va jugar a les deu del vespre i recordo que vam començar a sopar just quan va començar el partit. Vaig haver de deixar-ho perquè em vaig posar molt nerviós. És que, a sobre, vam començar perdent. Després em vaig tranquil·litzar i recordo que vaig poder picar una mica de carn i amanida. I de postres, més ungles. No recordo quina carn vaig menjar, però sé que no era el pollastre amb patates de la meva mare. Aquest és el meu plat preferit i me'l guardo per als moments que puc gaudir-ne. Aquell dia estava massa nerviós.

Com us he explicat, la majoria de la meva família era a València. Vaig parlar amb ells per telèfon i em van dir que l'ambient era increïble. Van anar-hi el meu pare, la meva germana, el meu cunyat, els meus tiets, els meus avis, alguns amics... Ells em van dir que hi va haver un gran ambient i que semblava que hi havia més gent de l'Athletic, però que els del Barça feien més soroll. «I jo a casa», vaig pensar.

Als primers minuts, l'Athletic ens va collar, però jo tenia fe en l'equip. Estàvem fent bé les coses, se'ns havia escapat la Lliga tres dies abans per un gol a l'últim minut i havia notat en els meus companys les ganes d'aconseguir, ràpidament, el primer títol de la temporada. Crec que això va fer la Copa una mica més especial. Va ser la reafirmació que, amb la feina ben feta, anaven caient els trofeus. El primer va ser la Copa. A més, la final va ser una altra demostració de la superioritat que havíem demostrat en altres partits.

Recordo que la primera part la vaig viure amb molta tensió, però a la segona vaig estar més tranquil. El meu múscul segur que m'ho va agrair. La veritat és que el partit va ser molt bonic. Vam poder veure molts gols i molt bonics, per exemple el del Touré. Us asseguro que en els entrenaments n'ha fet molts com aquell. El Messi va tornar a aparèixer en un partit important. Em vaig alegrar molt del gol del Bojan, ja que és un jugador molt jove i no tothom és capaç de marcar en una final. I el Xavi va fer un altre golàs. Sempre ha tirat molt bé les faltes. Com us podeu imaginar, vaig cridar i em vaig emocionar amb els gols com devíeu fer la majoria de vosaltres. En aquest sentit, vaig ser un més.

El primer que vaig fer després del partit va ser enviar missatges a la majoria dels meus companys. De fet, ja els havia enviat missatges abans del partit. Els volia felicitar i que em sentissin a prop. Que no s'oblidessin de mi, perquè aviat tornaria.

La veritat és que em va fer molta il·lusió guanyar la Copa. Molta gent pot pensar que als jugadors ens és igual aquest títol. No és cert. En el meu cas, i crec que per a la majoria dels meus companys, guanyar la Copa és especial. Encara que no tingui el prestigi de la Lliga o de la Champions, la Copa és un títol que t'engreixa el palmarès. Per això, encara que vaig veure la final a casa i no vaig poder celebrar la victòria al camp, va ser especial. Aquest títol encara no el tenia i va ser bonic. De veritat que guanyar la Copa li fa il·lusió a qualsevol jugador. Primer, perquè és un títol oficial. Segon, perquè mai havia arribat a una final i portàvem dos anys quedant-nos a les portes. Tercer, perquè la història deia que el Barça era el rei d'aquesta competició i havia de continuar sent-ho, dic jo, no? I quart, perquè si tens ambició, el que més vols és acabar la teva carrera amb el màxim nombre de trofeus possible i, sincerament, crec que m'hauria fet ràbia mirar el meu palmarès amb trenta-tants anys i veure que ho tenia gairebé tot però que em faltava la Copa per no haver-li prestat atenció. Afortunadament, això ja no em passarà. Vaig cremant etapes. A la propera espero poder jugar la final. Les meves ungles m'ho agrairan. Això sí, jugar-la i guanyar-la, és clar. Si no, millor que em quedi a casa una altra vegada.

A més, em sento molt partícip de la Copa que vam guanyar perquè, si repassem tot el torneig, us adonareu que vaig ser un jugador força important. Vaig jugar sis dels nou partits d'aquesta competició. Només em vaig perdre els dos primers contra el Benidorm i, per desgràcia, l'últim contra l'Athletic.

Tinc alguns records força intensos. Per exemple, recordo amb especial afecte el partit contra l'Atlètic al Calderón, perquè va ser el primer partit oficial que vaig jugar amb el Barça com a capità. És un gran orgull dur el braçalet. És una gran responsabilitat. Sincerament, fins i tot diria que et sents més important. Va ser el dia que el Messi va fer un *hat trick*. Va fer el que va voler, com sempre. Recordo que no el podien parar i va sortir del camp ovacionat. Això és el més gran que li pot passar a un futbolista. Que t'ovacioni el teu públic és fantàstic, però que t'aplaudeixi l'afició rival és una cosa que engrandeix la teva feina. És quan t'adones que el teu futbol, realment, val la pena. Afortunadament, a mi també m'ha passat, tot i que l'ovació que recordo amb més intensitat és la del dia del Sevilla. És clar, al Camp Nou. Però d'això us en parlaré en el proper capítol.

De la Copa, també recordo que en el partit de tornada vaig donar una assistència de gol al Gudjohnsen. Teníem l'eliminatòria força encarrilada, però contra l'Atlètic no te'n pots fiar mai. De fet, ens van marcar un gol abans que nosaltres. A pesar d'això, vam dominar bastant el partit. No vam crear grans ocasions de gol, però va estar controlar. El gol del Guddy va ser el de la tranquil·litat. Recordo que vaig sortir per la banda i a l'últim defensor el vaig enganyar perquè me'n vaig anar per la línia de fons quan ell es pensava que me n'aniria per una altra banda. Vaig fer la passada enrere al Guddy i ell va marcar. La veritat és que fer una passada de gol a un company és una cosa molt gratificant. Marcar és fantàstic, però donar aquesta última passada de gol pot arribar a omplir-te igual o més. És la demostració que el futbol és un joc d'equip. I veure com un company ve a abraçar-te i a agrair-te que li hagis cedit el protagonisme del gol és fabulós. En alguna cosa s'ha de notar que vaig créixer veient jugar Laudrup. Ell era el mestre de les assistències. No exagero si dic que he vist centenars d'imatges d'ell. Encara les continuo mirant, de tant en tant. M'inspiren. Són una delícia. Tots creixem imitant algun referent, i jo sempre vaig intentar imitar Laudrup. Que algú em digui que li recordo a ell em fa engreixar uns quants quilos. D'orgull, és clar.

Tornant a la Copa, l'eliminatòria més dura va ser contra l'Espanyol. Va ser molt intensa. Aquest tipus d'enfrontaments són els que fan gran la Copa. L'Espanyol és un equip que ens va posar les coses molt difícils. Crec que, contra ells, alguna vegada ens va vèncer l'angoixa. Angoixa per voler fer-ho tot massa bé. Ningú és perfecte i, afortunadament, d'això en vam aprendre. A la Copa, el partit d'anada va acabar amb empat a zero. Vaig jugar els noranta minuts però, sincerament, no va ser dels meus partits més brillants, tot i que em vaig fer un fart de córrer. A la tornada vaig ser suplent. Aquell partit no l'havia de jugar però el míster va decidir treure'm perquè l'Espanyol va estar a punt de remuntar-nos. Recordo que estava a la banda escalfant i vaig veure els dos gols de l'Espanyol. Vaig pensar: «Hòstia, com ens compliquem la vida». Vaig sortir al camp perquè el míster volia que tinguéssim més la pilota. Gairebé vaig marcar un gol. Però, sincerament, va ser un partit en el qual ens vam posar molt nerviosos i vam estar a punt de tenir un ensurt. Hauria estat una llàstima perquè el partit se'ns havia posat de cara amb un 3-0. En futbol ja se sap que si t'adorms un moment, qualsevol et pot torejar. Va ser un partit dur però, al final, vam passar ronda i ens vam posar a semifinals.

Allà ens vam enfrontar al Mallorca. Vaig tornar a ser titular al Camp Nou i vaig jugar els noranta minuts. Això sí, vaig jugar en una posició diferent de l'habitual. Bé, de fet, tampoc tinc massa clar quina és la meva posició habitual. A mi m'agrada jugar i punt. Sincerament, jo no em fixo en aquestes coses. És veritat que després sempre hi ha algú que m'ho diu. Ja sigui un amic o un periodista. Aquell dia em van dir que el Guardiola m'havia posat en la quarta posició diferent de manera consecutiva. «Doncs molt bé», vaig pensar. Mentre no em posi de porter.

Parlant de porters, ja m'heu sentit destacar mil vegades el meu amic Víctor, però hi ha un altre company que juga en la seva posició i que és un dels responsables que al final aixequéssim el primer títol de l'any. El Pinto ens va salvar a les semis contra el Mallorca. Recordo que el penal va ser un ensurt força gran perquè el partit estava sent lleig i difícil. Sort del Pinto. Quantes bromes li vam fer pel truc que va utilitzar! Parlo d'aquell xiulet a Martí i indicar-li que es tiraria a la seva esquerra. Els porters tenen aquestes coses i asseguren que qualsevol estratagema és bo per intentar despistar el tirador. No els falta raó. Aquell dia el Pinto ens va salvar i me'n vaig alegrar molt per ell. No és fàcil fer sempre bona cara quan no jugues mai. O jugues poc. El Pinto és un gran company i la Copa és molt seva. Crec que aquest ha estat un dels grans èxits del Guardiola. Que ha sabut fer que tothom se sentís útil en major o menor mesura. I els jugadors li hem respost.

Després de Mallorca, va arribar el moment de la final. El desenllaç ja us l'he recordat. Vam ser campions. I faltaven més títols per arribar.

6. LA LLIGA. EL TÍTOL QUE MILLOR DEFINEIX UNA TEMPORADA

Amb la Lliga va passar una cosa estranya. La gent no li dóna la importància que té. Com que és el campionat domèstic, el que tenim aquí cada diumenge, sembla que no tingui tant valor com una Champions o una Intercontinental. És clar que guanyar la Copa d'Europa és el màxim, pura màgia. Però la Lliga és el dia a dia. La Champions és aquella noia espatarrant que et fa passar una nit meravellosa, mentre que la Lliga seria la nòvia fidel que t'acompanya en els bons i mals moments. Amb ella tens una relació més llarga i de vegades més difícil, però al final molt més satisfactòria. Potser no és el millor símil, però crec que m'enteneu.

Per a nosaltres, el principal objectiu és sempre la Lliga. A més, poder jugar cada diumenge és el que li dóna vida a un futbolista. Et serveix per oblidar-te del partit anterior, ja sigui una victòria fantàstica o una derrota dolorosa. En tots dos casos acaba sent igual, perquè saps que el diumenge següent tot torna a començar i has de demostrar de nou tot el que ets capaç de fer pel teu equip. L'important per a mi és ser millor cada dia i tenir l'afecte de la gent. I la Lliga és el que et dóna això amb regularitat.

Ja us he explicat que el campionat va començar malament per a nosaltres. Més per resultats que per joc. Però a partir de Gijón tot va anar cap munt. També sabeu que en el meu cas les lesions em van privar de, per exemple, gaudir de l'anomenat Tourmalet de la primera volta. Sevilla, Madrid, València o Vilareal són equips contra els quals tot futbolista vol jugar sempre. Però veient com els va anar als companys, crec que no em van trobar gaire a faltar. Quatre victòries, gairebé totes per golejada i sense encaixar ni un sol gol en contra. Podria lesionar-me més sovint. No. Perdó. Esborreu aquesta última frase. Això ni de broma! Sí que vaig poder jugar un dels partits més brutals que vam fer en la primera volta. A l'hora de pensar en imatges de la Lliga, aquesta és una de més bestials. Era un dissabte a la nit. Al Camp Nou. I venia un equip contra el que sempre fem, i encaixem, molts gols. Sempre passen coses estranyes quan ens enfrontem. Grans remuntades, gols estranys, polèmica amb els àrbitres. Però aquell dia passaria una cosa que no havia passat mai abans. L'Atlètic de Madrid venia a jugar a casa nostra amb uns bons números en el seu inici de Lliga, força millors que els nostres en aquell moment, i amb el Kun Agüero acaparant totes les portades. Però ens van agafar en una nit inspirada. Possiblement el partit del Bernabeu ha fet ombra, amb tot el dret del món, només faltaria, a una altra de les grans golejades de l'any. En poc més de vint-i-cinc minuts van passar més coses que en molts partits de noranta sumats. Va marcar el Rafa. El Samu va transformar un penal. El Leo va fer el tercer. Ells van marcar. El Samuel va tornar a ampliar la diferència i el Guddy es va sumar a la festa. Sis gols en poc més de vint minuts. Són aquelles coses boges que té el futbol. Em pregunto què devia pensar el típic aficionat que tenia un sopar, un compromís o que simplement va arribar una mica tard a casa i va posar la tele a la mitja hora de partit. Suposo que devia pensar que el marcador que sobreimpressionen a la tele estava equivocat i que el primer número no podia ser un cinc. Però ho era. De fet, em vaig assabentar després que molta gent es va perdre els gols perquè va trigar més del compte a entrar. Em sembla que va passar alguna cosa amb els carnets de soci. El que sí que va veure tothom va ser el sisè gol. El del Thierry. Va ser una sensació estranya trobar-se amb aquell marcador, amb aquella situació. El nostre primer gran resultat de l'any.

Però si recordo un partit en aquesta Lliga de manera especial, Bernabeu a part, és el del Sevilla. Era a finals d'abril, a casa, i amb la Lliga en joc. Hem tingut molts partits aquesta temporada en els quals hem hagut de lluitar contra un marcador advers, remuntar un mal resultat perquè ens havien marcat en els primers minuts. Aquí va passar tot el contrari. Al minut dos del partit, vaig agafar la pilota al centre del camp i me'n vaig anar en línia recta cap a la porteria. No va sortir ningú a tapar-me i vaig veure el porter avançat. Vaig voler provar-ho amb una vaselina amb rosca a l'escaire i em va sortir bé. Està malament que ho digui jo, però va ser un golàs. Si no fos pel que va passar a Londres uns dies després, aquell seria el meu millor gol de l'any. Aquella nit vam aconseguir la victòria i va passar una cosa que em marcarà per sempre. Quan em van canviar, el Camp Nou en massa va corejar el meu nom com mai abans ho havia fet. Us asseguro que veure 90.000 persones dretes, aplaudint-te i reconeixent la teva feina és una de les sensacions més maques del món. Només de recordar-ho ja se'm posa la pell de gallina. En aquell moment era lluny de la banqueta i vaig pensar: «Mare meva, Andrés, el que et queda per arribar a l'altra banda!». Vaig creuar el camp gaudint del moment. El tinc gravat en imatges de televisió i fins i tot vaig demanar l'àudio de les ràdios. No em canso mai d'escoltar-lo.

Aquell partit i aquell gol tenen una altra història al darrere. I és que la setmana abans, a Getafe, em vaig deixar la bota esquerra al terreny de joc. Tenia un petit forat per una entrada que em van fer amb els tacs per davant. El company de material me'n va oferir una de recanvi, però em vaig estimar més no canviar a mig partit perquè la cosa no estava per fer provatures. Me la vaig treure un moment al final del partit i vaig acabar descuidant-me-la. Però els periodistes estan a la que salta. Els companys de la Graderia van recollir la bota i la van guardar durant tota la setmana. Volien sortejar-la entre els oients però... la necessitava! Segur que teniu la imatge que els futbolistes som tan rics que tenim milions de parells de botes diferents al vestuari però jo, en aquell moment, la necessitava per la setmana següent. La bota va dormir uns dies a casa dels periodistes, me la van tornar i vaig acabar marcant el gol del Sevilla. I el del Chelsea. Al final les vaig regalar a la Reme, una seguidora que volia subhastar-les per ajudar el seu cosí a pagar-se una operació molt delicada als Estats Units. En aquestes coses sempre m'agrada ajudar.

Un altre partit que no oblido va ser contra el Mallorca al Camp Nou. Va ser el primer després de la meva segona lesió.

Havíem pactat amb el míster que jugaria però no disputaria tot el partit perquè era d'hora. Després de dos mesos fora de l'equip, havia de tornar poc a poc. Aquesta és una de les coses que el míster ha controlat molt i crec que ha millorat el rendiment de la gent. Aquell dia va ser especial perquè quan estàvem escalfant sentia com el públic corejava el meu nom. I això que érem a Mallorca. Pensant-ho després, em vaig dir: «Deu ser perquè saben que estiuejo a Formentera». Que sapigueu que aquest any no ha estat una excepció. He tornat a passar part de l'estiu a Formentera. Viatjar a l'Índia i veure el Täj Mahal, un dels meus somnis, ho deixo per més endavant.

Aquesta Lliga també ha estat la Lliga del Crackòvia. No paren de preguntar-me si em molesta la imitació. La resposta és que no. És clar que no. No em prendria malament una cosa així, sempre que es faci amb bona intenció i no es passin de la ratlla, perquè, per molt personatges públics que siguem, no ens agrada que es passin amb nosaltres. Però els del Crackòvia no ho van fer mai. Per descomptat que es feien moltes bromes al vestidor. Sí, m'han repetit moltes vegades allò de: «Lo puto Gusiluz». Què hi farem. Em fa gràcia i ja està. Això sí, mentre no m'ho repeteixin un milió de vegades. Tot i que la que més s'ha repetit ha estat la del Puyol i el seu crit de «Keiteeeeeeee!!!!» Sincerament, crec que l'exageren moltíssim, però és clar, si no ho fessin no tindrien personatge, no? Sóc una persona molt tranquil·la, però no tant com el meu doble del programa. Ara, el que he de reconèixer és que han triomfat amb la cançó. Copa, Lliga i Champions. *Chapeau.*

I parlant de cançons, com ja sabeu, aquesta Lliga té la seva pròpia banda sonora. Es tracta del tema *Viva la vida*, de Coldplay. És curiós, però els dos últims entrenadors que hem tingut són molt seguidors d'aquest grup. A l'època del Rijkaard encara no existia aquesta cançó, però sé que el Frank havia anat a veure'ls en concert alguna vegada. A mi no és que m'enamori aquesta música en concret, però ens l'han posat tantes vegades que al final t'hi acostumes. Si voleu saber el que porto al meu Ipod, us ho puc resumir en una paraula. Estopa. Són el meu grup preferit i, a més, són amic meus. Què més puc demanar? Porto gairebé tota la seva discografia a sobre, però especialment escolto el seu primer disc, que per a mi és el millor. S'anomena igual que ells, Estopa, i va sortir a la venda més o menys en la mateixa època que jo vaig començar a entrenar per primera vegada amb el primer equip del Barça. Em costa molt escollir un tema, però si ho hagués de fer, suposo que em quedaria amb «*Como Camarón*». La seva música em calma i al mateix temps m'inspira. Com diuen ells, «*es superior a mí, es la fuerza que me lleva*».

Durant la Lliga un dóna molts tombs a les coses. I si pateix lesions, encara més. Bàsicament perquè tens més temps per pensar. Jo, durant els partits, no, però abans i després dono tombs a tot: intento visualitzar per on poden anar els trets, després reflexiono sobre si he fet tot el que m'havia proposat abans de començar, etc. Quan acaben, just quan xiula l'àrbitre, aleshores no penso en res. Descanso, em dutxo, parlo amb els meus i atenc els periodistes. Però en arribar a casa és quan començo a menjar-me el cap. I, com us he dit, m'agrada veure-ho repetit aquella mateixa nit. Potser partits sencers no. Però jugades concretes sí. Vull millorar. Sempre. De fet crec que se n'aprèn molt, veient partits en general. Us he dit que miro mil cintes de Laudrup, però m'agrada també qualsevol partit de futbol que facin en aquell moment. No sóc dels que arriben a casa avorrits del futbol i volen desconnectar. Si fan un partit a la tele i no tinc res important per fer, el miro. És igual si és de la Lliga espanyola, italiana o anglesa. I si és de bàsquet o de tennis, també. M'encanta l'esport i crec que es poden aprendre moltes coses d'altres disciplines diferents que després són aplicables al futbol.

La Lliga és tan llarga que et quedes amb imatges. Flaixos. Llampades de jugades. Passades. Controls. Especialment controls. De totes les accions que hi ha en el futbol, sempre he pensat que aquesta és la més important: un bon control et dóna tota la resta. La possibilitat de passar, disparar o sorprendre el rival. Tot això és més fàcil un cop tens controlada la pilota. Encara que intento sempre evolucionar, la veritat és que continuo jugant com quan era un nen: em defenso amb la pilota. I quan la tinc als peus no penso on aniré. No sóc dels que tenen al cap: «aniré a la dreta i després a l'esquerra i...». No. Simplement em surt. És natural. Espontani. I espero que continuï així molts anys més. S'ha de treballar molt, però també s'ha de deixar espai a la improvisació. Crec que aquesta mescla és una de les claus que ens han portat a l'èxit aquest any.

Un altre detall d'aquesta Lliga que potser no coneixeu és el difícil que se m'ha fet compaginar el futbol amb els estudis. Un any normal ja has de fer malabarismes per arribar a temps a exàmens i partits. Però si a sobre arribes al final de totes les competicions, com afortunadament ha passat aquest any, tot és encara més complicat. Per a mi és molt important estudiar. I crec que ho porto bé. Sé que a vegades es desprèn una imatge dels futbolistes que no és la millor: que si guanyem molts diners, que si som egoistes, que si sortim de nit i no ens preocupa res més... Em sembla molt injust que es generalitzi en això. Segur que hi ha molts casos en els quals tota aquesta sèrie de tòpics es compleix. Però molts altres som persones normals que tenim la sort de dedicar-nos a això, però que també tenim la responsabilitat de pensar en el nostre futur. Estic estudiant segon d'INEF i em queden dos anys més, perquè és una carrera de quatre cursos. Al llarg de l'any he de fer una tanda d'exàmens al febrer i una altra al juny. Afortunadament els professors i altres encarregats del centre tenen el detall d'ajudar-me amb el tema dels horaris. No em regalen res, eh?, no us penseu. Tampoc ho busco. Però sí que em posposen algun examen per fer-lo coincidir amb una data que no tingui compromisos ineludibles amb l'equip. Recordo que em va passar amb un de futbol. El vaig haver de fer sol. Tinc molt clar que no deixaré els estudis. Ni m'ha passat pel cap. L'any vinent tornaré a les aules amb les mateixes ganes amb què arribaré al camp de futbol. Així ha de ser. Els meus pares sempre m'han insistit en això.

Possiblement el més estrany de tota la Lliga ha estat el desenllaç final. Per començar, no és normal que la gent surti al carrer a celebrar dos partits que, en realitat, no ens van donar cap títol matemàtic. Canaletes es va omplir la nit del Bernabeu i, poc després, el dia del Vila-real. Per cert, abans, quan us he parlat d'ovacions, m'he deixat la del dia del Vila-real. Evidentment, aquell partit el recordo per la lesió que vaig patir i perquè no vam poder guanyar la Lliga. Però vull agrair els crits de la gent quan Manel Vic va dir el meu nom per megafonia abans de començar el partit. Algun periodista em va dir que mai havia sentit el Camp Nou ovacionar un jugador abans de començar el partit. Suposo que el gol de Stamford Bridge va ajudar que això passés.

Lamentablement, el partit va acabar malament. La Lliga ja semblava guanyada fins a aquells fatídics minuts finals que prefereixo no recordar. Pel gol d'ells i per la meva lesió. Però era una sensació estranya veure tanta gent al carrer quan les vitrines encara eren buides. D'una banda, era una demostració del bon any que estàvem fent, però de l'altra feia vertigen pensar que si després les coses no anaven del tot bé la gent podia acabar desil·lusionada. A pesar d'això, sempre vam tenir fe en nosaltres. El més estrany de tot va ser guanyar la Lliga sense jugar. No és la primera vegada que passa, però és una sensació estranya per a un futbolista. Proclamar-te campió mentre veus el Madrid a la tele. No sé si va ser més o menys estrany que la Lliga que vam celebrar a la mitja part al camp del Celta uns anys enrere. Però mentre es guanyi, a mi m'és igual la manera. El Madrid duia dos anys guanyant-la sense fer massa soroll, però són lligues que valen igual. O sigui, que per a nosaltres era molt important, perquè ens tornava a col·locar a dalt, al lloc de referència que es mereixen aquest club i aquesta ciutat. Era com enviar un missatge. Érem allà una altra vegada. La Lliga tornava a ser nostra. Sempre és especial poder oferir-la als aficionats.

En el primer acte de celebració de l'any al Camp Nou em va passar pel cap llançar-me a parlar en català, però vaig preferir guardar-m'ho per més endavant. Ja sabeu que no sóc gaire parlador. Només recordo que vaig agafar el micròfon i vaig dir en castellà: «Ens veiem aquí el proper dijous amb la Champions!». I així va ser.

7. LA CHAMPIONS. EL SOMNI FET REALITAT

Diuen que tots els camins porten a Roma. El meu va ser especialment difícil. No us atabalaré més amb el tema de la lesió, però suposo que m'enteneu. És com si porteu tot l'any estudiant i treballant per arribar a l'examen final on us ho jugueu tot per després posar-vos malalts i perdre-us el gran dia. Tot i que hi ha una diferència. Moltes vegades un examen és un patiment desagradable, i en canvi una final de la Champions és, senzillament, el gustàs més gran que pot tenir un futbolista professional. Es gaudeix molt més del que es pateix, això us ho puc assegurar.

Els setze dies que van passar des que em vaig lesionar fins al dia de la final em van passar relativament de pressa. El temps corria en contra meva, però les sensacions eren cada cop millors a mesura que passaven els primers dies. Els tres últims, en canvi, se'm van fer eterns. Veia que per anar bé del tot, encara me'n faltarien uns quants més. En altres paraules, no estaria bé del tot per Roma, però hi seria. Tots sabíem el risc que corria en jugar un partit en aquell estat, però estava disposat a assumir-ho per mi, pel club i pel moment en el qual ens trobàvem. Vull agrair els sacrifici de tots els metges i fisios, en especial els dies que va passar amb mi a la muntanya l'Emili Ricart. No tan sols va treballar amb mi; em va animar i em va fer veure que encara que no estigués en les millors condicions, si seguia les seves indicacions podria vestir-me de curt el 27 de maig. I això era l'únic que jo volia.

Aquell dimarts al matí vaig arribar a l'aeroport amb un somriure gegantí. No sóc massa expressiu, però crec que aquell dia se'm notava especialment. Per a qualsevol dels meus companys (amb l'excepció del Thierry) aquell mateix somriure s'hauria degut al simple fet de poder ser una altra vegada al gran ball, al partit més important de l'any. Només dos equips hi poden arribar. Els altres ho han de veure per la tele. Nosaltres vam ser-hi molt a prop l'any abans, però ens vam conformar amb veure la final al sofà de casa, i això és dur. Qui digui que no, menteix o no viu el futbol amb la intensitat amb la qual hauria de fer-ho. Però no, el somriure era simplement pel fet de poder ser allà, de poder pujar a l'avió sabent que hi seràs per jugar la final. El Thierry i jo ja havíem jugat un partit les setmanes prèvies. La nostra final era contra les lesions. I per fi l'havíem guanyat. A més, tot i que cada cas és diferent, per als dos era de vital importància poder ser titular a Roma. Per a ell, ho era perquè tenia una espina clavada amb la Champions: se li va resistir a París (afortunadament!) i si va venir a Barcelona va ser, en part, per poder aconseguir-la. Per a mi, perquè a París no vaig poder ser titular. Com sabeu, vaig sortir a la segona part i vaig ajudar el meu equip a guanyar. En vaig gaudir molt i per descomptat que sento aquella Champions com a meva. Però a Roma vaig sentir que podia ser encara més important per a l'equip des del principi i no permetria que cap estúpida lesió m'impedís complir aquest somni.

En qualsevol cas, no es pot entendre Roma sense París. Les dues finals van lligades. I no ho dic per l'exemple del Thierry o pel meu, sinó sobretot a nivell de la importància que tenen per al club. Wembley va ser el principi i Saint Denis va ser la prova del fet que podien arribar-ne molts més, que no havíem de viure exclusivament d'aquell gol de Koeman. Però, encara que sembli una tonteria, passar a tenir tres copes d'Europa ja és un cas a part. Una cosa així et situa en un lloc de privilegi al qual pocs clubs poden aspirar. Amb aquesta mentalitat vam entrar a l'avió que, per cert, era exactament el mateix que ens havia portat a París tres anys abans. Jugadors i familiars anàvem al pis de dalt i els periodistes, que eren molts més que de costum, ocupaven tot el pis inferior. En arribar a Roma, cadascú va anar per la seva banda, com és lògic. Nosaltres ens havíem de concentrar i, pel que es veu, els periodistes també. Ho dic perquè algun em va comentar després que per a ells és també una final: tenen molta més feina que mai i han de fer moltes coses en pocs dies. Nosaltres també hem de fer moltes coses, però totes en 90 minuts. Com a mínim vam tenir una novetat de cara a aquell partit que va servir per fer més passadors els moments previs i per desconnectar de tota la pressió: aquella nit vam poder dormir amb les nostres parelles. No és gens habitual i es fa una mica estrany, però a mi em va fer molt feliç i em consta que als meus companys també. Són aquelles petites coses que s'agraeixen quan ets a les portes d'una cosa tan gran.

Si hi ha alguna cosa que destacaria de les hores prèvies al partit és la diferència que vaig notar en la gent del meu voltant. Em refereixo a les converses amb amics i familiars. Normalment, quan un juga una final de Champions, només es limiten a donar-li ànims, a destacar la importància del partit i la il·lusió que fa, a parlar del rival, en aquest cas del Manchester, etc. En canvi, aquell dia només feien que preguntar-me pel meu estat físic. Com estava, com em trobava de la lesió, si em sentia o no al cent per cent... Més que si guanyàvem o perdíem, el que els preocupava era que a mi no em passés res que pogués tenir conseqüències més endavant en la meva carrera. És normal, es preocupen per mi. Ells són els que em cuiden en els bons i els mals moments. Els primers que em donen un consell o em fan una crítica constructiva i els que sempre són allà per intentar canviar el meu punt de vista. Sóc una persona a la qual afecten molt les coses perquè ho visc molt de prop, de manera que sempre em va bé tenir-los a ells per relativitzar. Ja us he explicat abans que quan va acabar el partit del Vila-real i els vaig dir que m'havia fet mal, literalment es van enfonsar. Em temo que van vessar més llàgrimes de les que havien vessat mai abans en la meva carrera. Sabien que al cap de pocs dies ens ho jugàvem tot i no hi havia temps. Després, evidentment, van intentar animar-me, i sé que aquella nit van resar perquè no fos res greu i pogués ser a Roma. Algú els va escoltar, perquè allà era jo. Malgrat la seva preocupació, jo només pensava a guanyar. Quan un és al camp no pensa a arriscar menys perquè ve d'una lesió ni a reservar forces ni en res d'això. Si fos així, no faríem bé la nostra feina.

Aquella setmana havia jugat el partit a la Play. Abans hi jugava més assíduament, deu ser que em faig gran o que tinc menys temps. Però em relaxa jugar-hi de tant en tant i sempre que ho faig, agafo el meu equip. No m'agrada perdre contra ningú, o sigui que necessito concentrar-me al màxim i fer bé les alineacions. Per descomptat, em poso a mi mateix de titular. Si no ho faig jo, malament anem. Vaig jugar el Barça-Manchester com a amistós i crec que vaig guanyar un a zero amb gol de l'Eto'o, però el partit se'n va anar a la pròrroga. Va ser difícil perquè crec que el Manchester és el millor equip del joc, cosa que em sembla normal, ja que ho fan en relació amb la temporada anterior i ells havien estat els campions, o sigui que tenien dret a tenir la mitjana més alta. Possiblement en el joc d'aquest any serem nosaltres els que ocupem aquest lloc. No sóc tan estúpid per pensar que el que passa en un videojoc passarà en la realitat, però per si de cas, vaig resar perquè no hi hagués pròrroga.

Els minuts previs a una final de la Champions són com els minuts previs a qualsevol altre partit. De veritat. No vull semblar avorrit ni restar glamur al món del futbol, però és així. I és bo que sigui així. Els mateixos discursos, els mateixos costums, la mateixa filosofia. És millor això que tornar-se boig perquè és una final i fer canvis estranys d'última hora o renunciar a allò que fas des de fa un any. Va ser un dia com qualsevol altre, pel que fa a la meva rutina: m'agrada dormir una bona migdiada, estar descansat i parlar amb la meva gent. Recordo que havia portat alguns correus electrònics que m'havien enviat a la meva pàgina web per motivar-me. Però, per tota la resta, va ser el de sempre. Si una cosa funciona, per què canviar-la? Evidentment, a l'hora de plantejar la tàctica, no és el mateix. Tots tenim en ment que és una final, no cal que ningú ens ho digui. Però una cosa sí que va sortir dels esquemes habituals.

Sé que ara ja no és cap secret perquè tots ho heu pogut veure a la tele o a Internet, però en aquell moment a tots ens va agafar per sorpresa. Parlo del vídeo que ens va posar el Pep abans de saltar al camp. Ens va dir que en gaudíssim perquè era un reconeixement a la feina col·lectiva que ens havia portat fins a Roma. Com ja deveu saber, eren imatges de la pel·lícula *Gladiator* combinades amb actuacions nostres. Hi érem tots: el Pinto, el Jorquera, el Hleb... Tots els que havíem contribuït a guanyar qualsevol de les tres competicions. Era com una postal, una estampa del vestidor. Durava set minuts més o menys, o sigui que vaig tenir temps de fixar-me en les cares dels meus companys i va ser una cosa especial. A algun se li va escapar alguna llàgrima, com en el cas del Milito. És totalment comprensible, no tan sols pel vídeo en sí sinó perquè ha de ser dur ser al partit més important de la teva vida i veure que una lesió t'impedeix ajudar els teus companys. A mi va estar a punt de passar-me. Però la Champions és tan seva com meva. El Gabi és part també d'aquest triplet i les seves llàgrimes durant el vídeo no fan sinó confirmar que tothom està implicat fins al final i que la clau d'aquest equip, per sobre de la qualitat individual o de sistemes tàctics, és que sempre està unit. A tot això, heu de saber que *Gladiator* és una de les meves pel·lis preferides. M'agrada Russell Crowe, tot i que el meu actor predilecte és Denzel Washington. Precisament una de les pel·lis que més recordo de les que he vist els últims mesos és una en la qual surten tots dos. *American Gangster,* es diu. Un duel interpretatiu molt interessant. Com el que tindríem Manchester i Barça aquella nit.

No sé si va ser per l'emoció del vídeo o què, però els nostres primers minuts van ser força dolents. Aquí sí que ho reconec. Igual que us dic que al Bernabeu vam dominar des del principi, és cert que a Roma el Manchester va sortir més ben col·locat al terreny de joc, però tampoc ens van collar molt. Crec que Cristiano Ronaldo va tenir una bona ocasió en una falta que el Víctor va poder refusar, però tampoc no va ser una cosa escandalosa. Tot va canviar amb el gol del Samu. Tenia la pilota a la banda dreta i el vaig veure desmarcar-se cap a l'àrea. No vaig dubtar a donar-l'hi ràpidament, i després d'un gran retall, ens va posar per davant. Sembla un tòpic, però és increïble com pot canviar un partit amb un gol. L'equip que està sent dominat pot passar a dominar. Els papers es canvien. Afortunadament, això és el que va passar. Vam deixar de sofrir a partir d'aquell moment. I enmig de tot, hi havia una altra vegada l'Eto'o que, com a París, havia tornat a marcar un gol impressionant en un partit decisiu.

Segur que ho heu sentit en algun lloc i potser penseu que és una llegenda urbana. Jo us ho confirmo. A la mitja part els metges em van dir que, de cara a la segona, no xutés a porta. Tal qual. Sentia molt de dolor. El meu múscul es va recordar de la meva mare en més d'un moment. Si li demanen al Samu que no xuti a porta, es dispara un tret. En canvi, per al meu estil de futbol, tampoc no és un sacrifici, m'agrada donar assistències i en els segons 45 minuts em vaig dedicar a fer senzillament això. A més, sempre se m'ha criticat per no xutar gaire, o sigui que ningú notaria la diferència, no? I el remat que havia de fer ja el vaig fer a Stamford Bridge.

Després del descans el Xavi va enviar una falta al pal. Les ocasions eren nostres. El Manchester en va tenir alguna, però no gaires. Recordo que el Puyol es va dir de tot amb Cristiano, que no parava de provocar. Suposo que els dos estaran contents de retrobar-se a la Lliga espanyola. Va ser divertit. Gairebé tant com veure el Leo marcar de cap. El centre del Xavi va ser bo, però és increïble el salt que fa el Messi, i més que el salt, la manera de col·locar el cap per donar a la pilota l'efecte necessari per enganyar Van der Sar. Quan el vaig veure saltar i retòrcer-se d'aquella manera, vaig pensar que es trencaria. Gràcies a Déu no va ser així. Un golàs que ens va acabar de donar la tranquil·litat definitiva, perquè encara quedava una mica de temps i cal no relaxar-se mai, un marge de dos a zero et deixa més tranquil. És clar que el Manchester havia fet dos gols en dos minuts al Camp Nou deu anys abans en una final de la Champions. Però, afortunadament, això no es repetiria a Roma.

Quan l'àrbitre va xiular el final, vaig sentir moltes coses juntes a la vegada. Alegria per la victòria, agraïment a tots els qui m'havien donar suport i dolor. Molt dolor. La segona part va ser molt dura per a mi, la lesió no em va deixar gaudir al cent per cent d'un partit com aquell. Encara que, tal com em va passar a Stamford Bridge, en aquell moment no era massa conscient de res. Només pensava a anar a buscar els meus companys i abraçar-los. A mantejar el míster. A saludar els aficionats que havien viatjat fins a Roma i donar-los les gràcies per no rendir-se mai. Segur que nosaltres els hem fet gaudir aquest any, però potser no saben que ells a nosaltres també. A més, no vull oblidar que era el Manchester el que era allà davant. No només havíem guanyat la Champions, sinó que ho havíem fet davant del campió, davant del que fins aquell moment havia estat el millor equip del món. Era la millor culminació d'una temporada de somni. Una nit màgica en la qual el futbol passa a ser de tots. Tot el planeta va veure aquell partit i en va gaudir fossin de l'equip que fossin. Com a jugador, no hi ha res més gran que guanyar una final europea. Jo he tingut la sort de fer-ho dues vegades i espero que en vinguin moltes més. Per descomptat, tothom em va felicitar i em va fer sentir orgullós, tenint en compte tot el que havia hagut de patir per arribar fins allà. De totes les coses que em diuen, de tots els missatges que rebo, la frase que més m'arriba sempre és «t'ho mereixes». Moltes vegades qui m'ho diu no em coneix del tot, però en qualsevol cas ja us he dit que em preocupa més ser recordat com una bona persona que com un bon futbolista. I saber que algú creu que m'ho mereixo fa que tot el camí recorregut fins aquí no hagi estat en va.

Després del partit vam viure tots una escena una mica caòtica. Se suposava que teníem un sopar amb els de l'equip, però suposo que, sent l'ocasió especial que era, molta gent més que no formava part de la plantilla s'hi va voler apuntar. El resultat va ser que hi havia el triple de gent del que permetia l'espai del restaurant. A molts no els havia vist mai en la vida, però és igual. Tampoc no tenia gaire gana. De fet, crec que aquella nit gairebé no vaig sopar gens i allò em va durar uns quants dies més. Potser fins tres o quatre dies després de la final de la Champions no vaig dinar ni sopar com Déu mana. Quan la meva mare llegeixi això, em matarà. Tranquil·la, mare, després em vaig alimentar bé i vaig recuperar el temps perdut. No sé si eren nervis, emoció, alegria o simplement que el cos no m'ho demanava, però fins a finals de setmana no va tornar tot a la normalitat.

Aquella mateixa setmana, precisament la meva mare es va fer un fart de recollir fotos i portades de diaris i revistes. Sempre s'ocupa de col·leccionar tot el que es publica sobre mi i sobre l'equip. Sempre és interessant veure totes les coses, sense arribar al punt de prendre-s'ho com una cosa personal o com una obligació, però m'agrada estar informat. Si puc llegir alguna cosa, la llegeixo. Si no, no passa res. No m'obsessiona. Amb la ràdio em passa igual. Sempre que vaig amb cotxe la poso una estona, tot i que reconec que no m'agrada escoltar la ràdio quan parlen de mi, se'm fa estrany. Però aquella setmana tothom estava eufòric, encantat i remant en la mateixa direcció. Només faltaria.

Una Champions no es guanya cada dia. Un triplet, menys. El que a un li passa pel cap en moments així no són les victòries, els gols, els bons moments... Al contrari, es recorda el dolor, el patiment, les llàgrimes, els problemes amb la lesió, la ràbia dels dos anys anteriors sense títols i com tot allò ara prenia sentit. Aquella nit va fer que tot el que havíem passat junts, com a equip, valgués la pena. Ara només faltava una cosa. Celebrar-ho.

8. LA RUA PER BARCELONA. LA FESTA QUE UN TRIPLET ES MEREIXIA

Havíem fet possible l'impossible. S'estava acabant una temporada de somni. Tal com vaig escriure en el meu web, eren dies en els quals havia sentit les emocions més fortes de tota la meva vida. I encara quedava, gairebé, el millor: la celebració final amb la nostra afició.

Recordo que els jugadors vam parlar molt de com ens trobaríem Barcelona a la tornada de Roma. Teníem ganes d'arribar-hi. De fet, si hagués estat per nosaltres, hauríem tornat el mateix dia del partit. És normal. Després de tota una temporada i de l'esforç d'una final, del que tens més ganes és de tornar a casa. Però, per horaris, sembla que no era possible. A més, ja us he dit que la festa que ens van organitzar a Roma va ser una mica caòtica perquè hi havia molta gent i van tenir problemes per entrar fins i tot les nostres famílies. Això va fer que el meu desig d'arribar a casa s'incrementés. Vam arribar a Barcelona a la tarda. Feia bon temps. Des del club ens havien comentat que la festa seria molt similar a la de feia tres temporades. Molts jugadors no l'havien pogut viure però jo, afortunadament, sí. Si bé és cert que aquesta vegada era diferent. Em sentia més partícip, més important. M'agradava la idea de repetir sensacions que havíem viscut tres anys abans. L'experiència em permetria assaborir-les millor. En el futbol passa tot tan de pressa que, moltes vegades, un any semblen deu. Amb el Víctor o el Puyol havíem recordat la celebració del 2006. Hi havia més o menys un milió de persones al carrer. I ens van dir que aquesta vegada seria semblant. No us podeu imaginar com impressiona Barcelona vista des de sobre d'un autocar descapotable i plena de banderes del Barça.

Em vaig col·locar a la part de davant de l'autocar perquè volia tenir una visió privilegiada. Volia ser dels primers a veure l'afició. Volia gaudir del projecte a primera fila. Veure com ens apropàvem a un mar de colors del Barça. A més, no us enganyaré, la part de davant de l'autocar sempre és la més tranquil·la. Els brètols van al darrere. Bromes a part, la meva cama m'agrairia una mica de descans. Em vaig recolzar a la barana de l'autocar i em vaig preparar per viure un final meravellós.

Anava vestit per a l'ocasió. No em negareu que vaig ser un dels que més es van disfressar. Em vaig lligar una bufanda del Barça al cap. Me la vaig posar a l'estil Rambo, potser perquè no em sentia la cama. Em vaig enrotllar una altra bufanda del Barça a la mà dreta. Aquella seria per onejar-la. Recordo que em vaig posar una samarreta al revés. No ho vaig fer perquè anés borratxo i no me n'adonés, eh? Ho havia meditat. Volia que la gent veiés el meu número. Aquell pel qual havia lluitat tant. Aquell pel qual tant havia plorat. Volia que tothom veiés la samarreta del Barça amb el número vuit i el nom d'Iniesta. Vaig recordar els dies que havia plorat pensant que no hi arribaria.

Ja no parlo de la final, que també, sinó d'aquells anys que vas creixent, aixecant-te cada dia mentre veus el Camp Nou des de l'habitació i penses que no hi arribaràs mai. Perquè és molt difícil. Als futbolistes del primer equip no se'ns oblida que hi ha molts jugadors, i molt bons, que han passat per la Masia i que no han arribat al primer equip. No hi ha res fàcil per a ningú, tampoc per a mi. I en aquell moment em trobava dalt d'un autocar descapotable, amb tots els companys de la primera plantilla de tot un Barça, preparats per celebrar un triplet històric amb la nostra afició. Amb vosaltres. Per això portava la camisa al revés. Potser era una reivindicació. Anava dedicada a tots els que havien patit amb mi.

Per tal d'arrodonir la disfressa, em vaig posar una bandera de Castella-la Manxa com un pareo. Aquell era el toc dels meus orígens. Després vindria el plat fort. Allò de Fuentealbilla que de seguida us recordaré. Llàstima que a la meva disfressa hi faltava el color verd, que és el meu preferit. Deu ser perquè és el color de la gespa, el de la meva terra. El color de l'esperança, no?

El moment en el qual vam sortir amb l'autocar de la plaça de les Drassanes va ser espectacular. A mesura que recorríem carrers i més carrers anava al·lucinant més. Us prometo que hi havia moments que els ulls se m'omplien de llàgrimes. La felicitat és el major estadi de satisfacció, i en aquests temps que corren, encara més. Quan has completat una temporada perfecta i veus que amb el teu equip has fet feliç molta gent tot et sembla preciós. No us penseu que els futbolistes vivim d'esquena a la realitat. Per exemple, ja no és qüestió de notar la crisi econòmica o no. Evidentment, som uns afortunats perquè fem el que ens agrada i estem molt ben pagats. Però això no treu que, per exemple en el meu cas, mirem al nostre voltant. He intentat i intentaré mantenir, sempre, una línia en la meva vida. Ni abans, ni ara ni després seré una persona que no valori el que té. Sempre ho he fet. I sí que és cert que en moments com l'actual hem de mirar al nostre voltant i privar-nos de coses o, almenys, solidaritzar-nos amb la gent. Al cap i a la fi, som persones i jo només desitjo un món feliç per a tots. Per això, sempre que puc, ajudo. I el futbol ajuda a passar millor les penes.

Tots aquests pensaments em van passar pel cap el dia de la rua. Els moments durs, la meva gent, l'afició... Veure milers de persones entregades, oblidant els seus problemes per uns moments, et fa sentir molt important. A més, vaig veure moltes samarretes meves. Vaig sentir com es corejava el meu nom. Se'm posava la pell de gallina. Pensava que, en aquell moment, era el coix més feliç del món. Perquè, sí, la cama em feia mal. Però en aquell instant era igual. Quan sents que la gent et valora, la resta t'és igual.

La veritat és que aquest any ha estat una progressió en aquest sentit. Ho he notat tant al camp com al carrer. Cada vegada que passa el temps, m'atura més gent. I aquest any crec que ha superat tots els límits. I la veritat és que és molt bonic i gratificant. I no parlo, només, de la temporada passada, que les coses van sortir de meravella. Parlo de quan les coses no anaven bé. Per exemple, fa dos anys. Aleshores ja hi havia persones que t'animaven i valoraven la feina feta perquè penso que, per a la gent, el més important és que t'esforcis pel que representa jugar al Barça.

Però, evidentment, quan t'ha sortit una temporada com la passada, se superen les expectatives. No oblidaré les samarretes amb el meu nom, les ovacions, les pancartes divertides o els càntics. Moltes vegades he arribat a casa i se m'ha escapat un somriure recordant el que m'ha dit algun aficionat. Recordo, per exemple, una de les pancartes més bèsties que he llegit. «Iniesta, insemina la meva nòvia», deia. La imaginació de l'afició no té límits. Un seguidor va arribar a cridar que m'estimava més a mi que al seu propi fill. Ja sé que això no és veritat. Només faltaria. Però aquestes demostracions d'afecte, de bogeria col·lectiva, t'omplen més que qualsevol Pilota d'Or. Jo, veient un nen amb la meva samarreta, ja m'emociono, o sigui que imagineu-vos. No sé si és perquè ho visc, perquè ho sento molt i sóc sensible, però és així. Són coses que m'arriben al cor. Són increïbles. De veritat que costa molt arribar tan amunt. I quan ho has aconseguit, veure el reconeixement és brutal.

Ara bé, no us penseu que tothom em coneix. Us explicaré una anècdota que em va passar pocs dies després de guanyar la Champions. Resulta que era a la barra d'un bar amb la meva nòvia i la meva germana. Estàvem esperant que vingués el cambrer per donar-nos una taula. Se'm va acostar una senyora i em va preguntar: «Perdona, ets el cambrer?». Jo, que pensava que feia broma, li vaig respondre: «Sí, senyora». I la dona em contesta: «Doncs posi'm una Fanta, sisplau». La meva nòvia, la meva germana i jo ens vam quedar a quadres. La veritat és que vaig reaccionar bé, perquè em vaig limitar a dir-li que no era cap cambrer. Que només feia broma. Em va demanar disculpes i va marxar a la seva taula. Allà vaig veure com les seves amigues reien i la dona feia gestos de sorpresa. Suposo que elles sí que m'havien conegut. Va ser un moment molt divertit. Segur que si hagués portat els cabells pintats o alguna cosa així, la dona m'hauria reconegut. Però jo no sóc així. Sóc més discret. Si de cas ja en parlaré amb la meva germana, que és la perruquera de la família.

Després de quatre hores o així pels carrers de Barcelona, vam arribar al camp. A l'autocar, ja ens havien informat que l'estadi era ple. Mirava al meu voltant, veia els meus companys i pensava: «Que grans que som! Que gran que ho hem fet!». La bogeria del vestidor era col·lectiva. Tots fèiem bromes. Tots rèiem. En aquell instant, érem un. Com ho havíem estat al llarg de la temporada. Aquest va ser el secret. No descobreixo res.

Vaig saltar a la gespa del Camp Nou amb el Valdés. Com a capitans, ens va tocar sortir amb una de les tres copes. Érem els primers i vam sortir al camp amb la Copa del Rei. Té gràcia que la duguéssim el Valdés, que no havia jugat ni un minut, i jo, que m'havia perdut la final. Però així ho havíem pactat i tenia la seva lògica. Darrere nostre van sortir el Xavi i el Puyol amb la Lliga. La Champions la duien els dos entrenadors, el Guardiola i el Tito Vilanova. Va ser un dels moments en què el Camp Nou més em va impressionar. Mirava a un costat i a l'altre i no podia parar de somriure. Vam fer un parell de voltes al camp, i més que n'hauriem fet. Ningú se'n volia anar. Jo m'hauria quedat a dormir allà. Estirat a la gespa.

Ens van tornar a donar el micròfon. Primerament el va agafar el Puyol, el capità, el líder del vestidor. Després el míster, el Guardiola, la nostra llum. El Valdés i el Jorquera van ser els següents, i a mi em va passar el micròfon el Xavi. Estic acostumat a jugar davant de molta gent, però no a parlar a la cara a més de 80.000 persones. Recordo que tenia, més o menys, pensat el discurs. Volia fer-ho en català perquè sé que l'afició ho valora. Aquest any em deixaré anar més en aquest sentit, ja ho veureu. Com dic, volia fer el discurs en català i així em va sortir. Va ser, més o menys, sobre el que tenia previst, tot i que l'emoció i els nervis sempre fan que les paraules variïn una miqueta. Tenia clares tres coses. Volia demostrar la meva felicitat, volia reconèixer la feina del míster i volia que tothom tornés a sentir el nom del meu poble. Em va sortir rodó. Vaig dir: «Bona nit afició. Visca el Barça. Visca Catalunya. I visca...». Va ser aleshores quan tothom va cridar alhora: «Fuentealbilla». Objectiu complert. Ho havia aconseguit. Havia aconseguit que la gent fes de «Fuentealbilla» un dels seus crits de guerra. Per a mi és important perquè mai no oblidaré els meus orígens. Uns amics m'havien comentat que a les festes de celebració a Canaletes la gent cantava alguna cosa com: «*Illa, illa, illa. Soy de Fuentealbilla*». Em feia molta gràcia. De fet, alguna vegada ho he taral·lejat amb la meva germana, de broma. Però això del Camp Nou ho va superar tot. Vaig pensar: «Mare meva, Andrés, això sí que és gran. Has aconseguit que 80.000 persones cridin el nom del teu poble». Quan els crits van parar i vaig tornar a prendre consciència d'on era, vaig afegir: «Gràcies a vosaltres sóc l'home més feliç del món. Aquestes copes són només el principi. Si en voleu més, que el míster *siga más años...*». Els companys em van mantejar. Hi va haver un moment que vaig tornar a patir per la cama. Després vaig tirar el micro a l'aire. Em sembla que el va agafar el Touré. Estava extasiat. No sabeu com n'és de bonic el Camp Nou, a les fosques, amb desenes de milers de càmeres immortalitzant un dia històric. Espero que aquest llibre serveixi perquè no l'oblidem mai. «Visca el Barça. Visca Catalunya. I visca...». Gràcies per compartir-ho amb mi.

EPÍLEG

Abans d'acabar aquest diari vull fer les últimes reflexions. Volia agrair-vos que hagueu volgut compartir amb mi una temporada tan fantàstica. Ha estat la millor de la meva vida. I ha estat gràcies al vostre suport.

Ara, no hem de ser conformistas. No hem de pensar que una cosa així és irrepetible. Per que ha de ser-ho? És veritat que serà difícil tornar a guanyar-ho tot, però ens queden molts reptes per aconseguir i molts altres per repetir.

Personalment, m'agradaria arribar al final de la meva carrera, mirar enderrere i veure que hem aconseguit moltes coses. Això es el que al final quedarà en la meva història. Una història que espero que sigui llarga. Amb 25 anys, encara tinc futbol per molt de temps. El passaré al vostre costat. Junts.

Continuaré esforçant-me perquè pugueu sentir-vos orgullosos de mi. Seré fidel als meus puntals: treball, suport familiar i saber que tinc entre mans. No s'ha de deixar res a la improvisació. Entenc que el dia després s'ha de començar a preparar ara, en el present.
Gràcies per fer-me sentir tant estimat. A mi i a la meva família una forta abraçada per a tots!

A. Iniesta

AGRAÏMENTS DELS EDITORS

Al Bernat Soler i al Ramon Besa per la seva ajuda. Al Ramon Sostres per haver-nos fet de representant. Al Pascual Samper pel seu barcelonisme. I a un jove futbolista que, quan tot just començava, va deixar que un tímid i inexpert periodista se li apropés. Gràcies, Andrés.

DANI SENABRE

Al Ramon Sostres i al Bernat Soler, sense els quals aquest llibre no hauria estat possible. A la Patrícia, per fer-me feliç. A la meva família, per estimar-me, i als meus amics, per ser-hi.

SIQUE RODRÍGUEZ